Michael Sauer

Traffic Control unter Linux

GRIN Verlag

Bibliografische Information der Deutschen Nationalbibliothek:

Die Deutsche Bibliothek verzeichnet diese Publikation in der Deutschen Nationalbibliografie; detaillierte bibliografische Daten sind im Internet über http://dnb.d-nb.de/ abrufbar.

Impressum:

Druck und Bindung: Books on Demand GmbH, Norderstedt Germany
ISBN: 978-3-656-49402-7

FH Technikum Wien

BACHELORARBEIT

Traffic Control unter Linux

ausgeführt von Michael Sauer

Wien, 22. Jänner 2010

FACHHOCHSCHULE TECHNIKUM WIEN

Ausgeführt an der FH Technikum Wien

Studiengang BICSS

Kurzfassung

Die Geschwindigkeit, mit der Daten über Netzwerke transportiert werden, wächst dank fortschreitender Technologien stetig. Doch Geschwindigkeit allein ist nicht das einzige Kriterium, um die Bedürfnisse des Anwenders in Bezug auf die Datenübertragung zufriedenzustellen. Oft ist es auch notwendig, bestimmten Datenverkehr vorrangig zu behandeln oder bestimmten Anwendungen eine Mindestbandbreite zu garantieren. Weitere Anforderungen können das Verbieten oder Umleiten von Datenpaketen beinhalten.

Das Betriebssystem Linux stellt dafür zwei Werkzeuge zur Verfügung, die diese Bedürfnisse abdecken. Dabei handelt es sich zum einen um die Firewall, die seit der Kernelversion 2.6 mit dem iptables-Befehl realisiert wird. Zum anderen behandelt das Programm „tc“ sämtliche Anforderungen, welche das Bandbreitenmanagement oder die Priorisierung des Netzwerkverkehrs betreffen.

In der vorliegenden Arbeit werden zu Beginn das Prinzip und die Funktionsweise der Linux-Firewall betrachtet. Im Anschluss daran werden einige Möglichkeiten vorgestellt, die das Programm „tc“ anbietet, um den QoS-Anforderungen gerecht zu werden. Im letzten Schritt wird das Verhalten beider Programme beobachtet, wenn Pakete innerhalb drei verschiedener Netzwerke verschickt und kontrolliert werden müssen.

Das Ergebnis dieser Beobachtungen führt zu dem Schluss, dass mit Hilfe dieser beiden Anwendungen ein Netzwerk derart gestaltet werden kann, dass es sowohl sicher ist, als auch QoS-Anforderungen zufriedenstellend erfüllt.

Schlagwörter: Firewall, QoS, Bandbreite, Queueing Discipline

Abstract

The speed, data will be transported over networks, is growing steadily, thanks to advancing technologies. But speed is not the only criterion to satisfy the needs of the user in terms of data transmission. Often it is also necessary to prioritize certain traffic or to guarantee a minimum bandwidth to specific applications. Other requirements may include banning or redirecting of data packets.

The Linux operating system offers two tools which cover these needs. This is on the one hand the firewall, which is implemented since kernel version 2.6 with the iptables command. Secondly, the program "tc" deals with all the requirements, which relate to the bandwidth management or the prioritization of network traffic.

In the present study the principle and operation of the Linux firewall are considered at the beginning. Subsequently some options regarding the QoS requirements are presented, offered by the program "tc". In the last step, the behavior of both programs is observed when packets in three different networks have to be sent and controlled.

The result of these observations leads to the conclusion, that with the help of these two applications a network can be configured in a way that is both, safe and fulfilling the QoS requirements.

Keywords: firewall, QoS, bandwidth, queueing discipline

Inhaltsverzeichnis

1 Einleitung 1
2 Die Funktion des Linux-Kernels in Bezug auf Firewalling 1
2.1 Die Filter-Tabelle 2
2.2 Die NAT-Tabelle 3
2.3 Die Mangle-Tabelle 4
2.4 Die Raw-Tabelle 5
3 Traffic Control 5
3.1 Classless Queueing Disciplines 6
3.1.1 pfifo_fast 6
3.1.2 bfifo und pfifo 8
3.1.3 Stochastic Fairness Queueing (SFQ) 9
3.1.4 Token Bucket Filter (TBF) 10
3.1.5 Weitere Classless Queueing Disciplines 11
3.2 Classful Queueing Disciplines 11
3.2.1 PRIO QDisc 13
3.2.2 Hierarchical Token Bucket (HTB) 13
3.2.3 Weitere Classful Queueing Disciplines 15
3.3 Filter 16
3.3.1 Klassifikation anhand Markierungen: Der fw-Filter 16
3.3.2 Klassifikation anhand der Routing-Tabelle: Der route-Filter 16
3.3.3 Flexibel klassifizieren mit dem u32-Filter 17
4 Aufbau und Bewertung einer Testumgebung mit Firewall und Traffic Control 18
4.1 Die Testumgebung 18
4.2 Anforderungen an die Firewall und den QDiscs 19
4.3 Vorbereitungen 22
4.3.1 Konfiguration der Netzwerkkarten 22
4.3.2 Installation von SSH 23
4.3.3 Installation des Programmes iperf (jperf) 23
4.4 Errichtung der Firewall 24
4.5 Erstellung der QDiscs für sämtliche Schnittstellen 28
4.5.1 Schnittstelle eth0: Die Entlastung der Modem-Warteschlange 29
4.5.2 Schnittstelle eth1: Der Intra-/Internet-Server in der DMZ 30
4.5.3 Schnittstelle eth2 und eth4: Die Clients im LAN 33

4.6 Messungen ... 35
4.6.1 Messungen ohne Bandbreitenentlehnung ... 35
4.6.2 Messungen mit der Möglichkeit einer Bandbreitenentlehnung ... 39
5 Erkenntnis und Ausblick ... 42
Literaturverzeichnis ... 43
Tabellenverzeichnis ... 45
Abkürzungsverzeichnis ... 46
Anhang A: Das Firewall-Skript „firewall_on“ ... 48
Anhang B: Das QDisc-Skript „qdisc_on“ ... 50

1 Einleitung

Der Wunsch vernetzter Applikationen ist, ihre Daten so schnell als möglich über das Netzwerk zu schicken. Das Betriebssystem Linux in seiner Grundkonfiguration erfüllt diesen Wunsch auch nach dem Best-Effort-Prinzip.

Dieses Prinzip befriedigt jedoch nicht immer alle Bedürfnisse. Manche Anwendungen, wie etwa die Sprachtelefonie, verlangen nach niedrigen Latenzzeiten. Zusätzliche Bandbreite zu kaufen eliminiert das Problem keineswegs, andere Applikationen können immer noch entsprechend viele und große Pakete ins Netz schicken. Dadurch wird der Versand der bandbreitenschonenden VoIP-Pakete auf ein unerträgliches Ausmaß blockiert.

Ein anderes Problem beinhaltet die Bandbreitenbegrenzung. Oft ist es notwendig, einem Benutzer nur eine gewisse Bandbreite zuzugestehen. Ein typisches Beispiel ist ein Internet-Provider, der für einen niedrigeren Tarif auch nur eine limitierte Bandbreite zur Verfügung stellen möchte. Ebenso scheint auch eine Bandbreitenbegrenzung nach außen hin sinnvoll zu sein. Ein Modem verfügt im Normalfall nur über eine einfache Warteschlange, in der es den ausgehenden Netzwerkverkehr in keiner Weise priorisieren kann. Es macht durchaus Sinn, wenn es eine Möglichkeit gäbe, die Pakete, die das Netzwerk verlassen, vor dem Modem entsprechend ihrer Dringlichkeit und fairen Behandlung zu ordnen und diese dann dem Modem mit gedrosselter Geschwindigkeit weiterzureichen.

Die Lösung für diese und andere Probleme lautet Traffic Control. Linux stellt mit dem tc-Befehl dafür ein mächtiges Werkzeug zur Verfügung, mit dem es möglich ist, den Netzwerkverkehr zu kontrollieren, begrenzen, priorisieren und aufzuteilen.

Kapitel 2 behandelt die Linux-Firewall. Eine richtig konfigurierte Firewall trägt nicht nur zur Sicherheit eines Systems bei. Sie wird auch für das Traffic Control benötigt, indem sie etwa Vorarbeiten wie das Markieren bestimmter Pakete leistet. Diese markierten Pakete dienen dann dem Traffic Control zur Klassifikation.

Das nachfolgende Kapitel 3 beleuchtet einige Ausprägungen von Queueing Disciplines, also jenen Mechanismen, die dafür zuständig sind, die Pakete für ihre Weiterleitung entsprechend aufzubereiten.

Im vierten Kapitel wird zuerst eine Batch-Datei für eine Firewall Schritt für Schritt aufgebaut. Im Anschluss daran erfolgt die Erstellung eines Skripts, welches den Traffic Control auf dem Router realisiert und in weiterer Folge als Grundlage für diverse Bandbreitenmessungen dient.

2 Die Funktion des Linux-Kernels in Bezug auf Firewalling

Iptables ist der Paketfilter von Linux. Er ist seit der Kernelversion 2.4 integrierter Bestandteil von Linux und ist der Nachfolger von ipfwadm (Kernelversion 2.0) und ipchain (Kernelversion 2.2). Mit Hilfe von iptables ist es möglich, sowohl lokale als auch Netzwerk-Firewalls zu realisieren.

Iptables verwendet folgende vier Tabellen, in der sämtliche Regeln verwaltet werden:

- Filter-Tabelle
- NAT-Tabelle
- Mangel-Tabelle
- Raw-Tabelle

In jeder Tabelle befinden sich eine unterschiedliche Anzahl an Ketten, den sogenannten Chains. Darin werden Filterregeln definiert, die Schritt für Schritt abgearbeitet werden. Trifft eine Filterregel zu, dann wird diese ausgeführt und die Kette verlassen (Ausnahme: Logging). Am Ende der Kette befindet sich eine Default Policy, die nur dann ausgeführt wird, wenn keine der davor definierten Regeln auf ein Paket angewendet werden konnte.

Die Filterregeln bestimmen, was mit einem Paket geschehen soll, auf das eine bestimmte Regel zutrifft. So können etwa Pakete mit bestimmten Eigenschaften akzeptiert (ACCEPT) oder verworfen (DROP) werden. Werden Pakete mittels DROP verworfen, so erhält der Absender des Paketes keine Information darüber. Soll dieser über diesen Zustand anhand einer ICMP-Fehlermeldung informiert werden, so muss man das Paket mittels REJECT verwerfen. Neben diesen drei Zielen existieren noch eine Reihe anderer, die in der Manpage [1] ausführlich beschrieben sind.

Die Default Policy sollte einen restriktiven anstatt einen permissiven Ansatz verfolgen, d.h. wenn die vorher durchlaufenen Filterregeln nicht gegriffen haben, soll das entsprechende Paket verworfen werden.

Da die definierten Regeln nach einem Neustart des Rechners nicht mehr gültig sind, sollten diese in ein Skript, das beim Systemstart automatisch ausgeführt wird, geschrieben werden.

In den nachfolgenden Kapiteln 2.1 bis 2.4 werden die einzelnen Tabellen genauer betrachtet.

2.1 Die Filter-Tabelle

In dieser Tabelle erfolgt die Filterung der Pakete. Anhand der Filterkriterien wird entschieden, ob ein Paket verworfen oder angenommen wird. Die Filter-Tabelle beinhaltet drei Ketten (INPUT, OUTPUT, FORWARD). Die Anordnung der Ketten ist in Abbildung 1 ersichtlich:

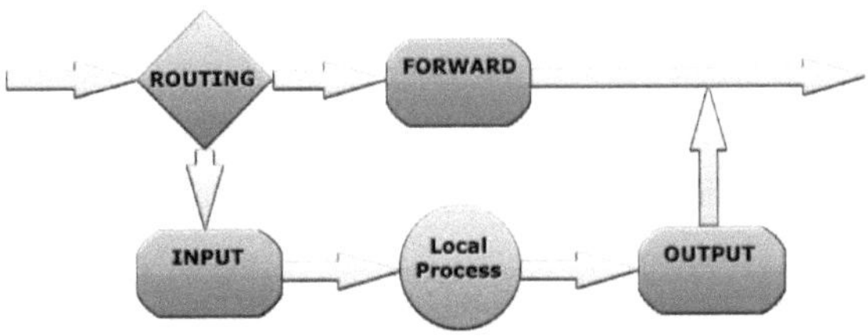

Abbildung 1: Die Filter-Tabelle und ihre Ketten

Trifft ein Paket am Rechner ein, so wird zuerst festgestellt, ob das Paket für den Rechner selbst bestimmt ist oder ob es weitergeleitet werden soll. Im ersten Fall durchläuft es anschließend die INPUT-Chain, wird verifiziert und im Erfolgsfall an den lokalen Prozess abgeliefert. Analog dazu verhält es sich für Pakete, die ins Netz weitergeleitet werden sollen. Diese durchlaufen jedoch statt der INPUT-Chain die FORWARD-Chain. Es kann auch der

Fall eintreten, dass der lokale Prozess Pakete erzeugt, die den Rechner verlassen müssen. Diese Pakete werden von der OUTPUT-Chain behandelt.

Die Möglichkeiten der Filterung sind mannigfaltig. So können etwa Pakete anhand deren IP-Adresse (sowohl Quell- als auch Zieladresse), Ports (Quell- und Zielports) und/oder verwendetem Protokoll untersucht werden.

Ein Novum bei iptables gegenüber seinen Vorgängern ist die Stateful Inspection. Mit deren Hilfe ist es nun möglich, ansonsten zu verweigernde Pakete zu erlauben, wenn sie Teil einer bereits bestehenden Verbindung sind (Connection Tracking) oder in Relation zu einer anderen, erlaubten Verbindung stehen [2].

2.2 Die NAT-Tabelle

Diese Tabelle ist für die Maskierung von Paketen zuständig und besteht aus drei Ketten (OUTPUT, PREROUTING, POSTROUTING). Abbildung 2 zeigt die Anordnung dieser Ketten in Verbindung mit den Ketten der Filtertabelle.

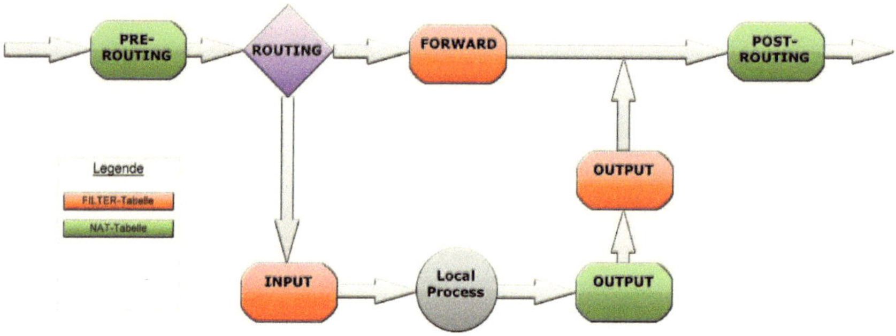

Abbildung 2: Die NAT- und Filter-Tabelle und ihre Ketten

Ein Source-NAT (SNAT) ist nur in der POSTROUTING-Chain erlaubt. Unter SNAT versteht man das Ändern der Absenderadresse. Dies ist z. B. notwendig, wenn man von einem lokalen Netzwerk auf einen Rechner im Internet zugreifen will. Da der entfernte Rechner nichts mit der lokalen IP-Adresse anfangen kann (abgesehen von der Tatsache, dass private IP-Adressen nach RFC 1918 im Internet nicht erlaubt sind), ist ein Mapping auf dem Router notwendig. Beim Mapping wird die lokale Source-IP-Adresse des Absenders auf die öffentliche, im Internet bekannte IP-Adresse ausgetauscht und in einer Tabelle gespeichert. Eventuelle Antwortpakete werden dann mithilfe dieser Tabelle wieder zurückgenattet, d.h., die öffentliche IP-Adresse wird durch die lokale ersetzt.

Hier ist auch ersichtlich, warum das SNAT nur in der POSTROUTING-Tabelle erlaubt ist. SNAT verändert das Paket und eine Filterung kann nur auf das originale Paket angewandt werden. Ein Filter, der z. B. einer lokalen IP-Adresse 192.168.1.2 den Zugriff auf einen bestimmten Internetdienst gestattet und einer lokalen IP-Adresse 192.168.1.3 untersagt, kann zwischen diesen beiden Paketen nicht mehr differenzieren, wenn in beiden Paketen die gleiche, öffentliche IP-Adresse eingetragen ist.

Ein ähnliches Ziel wie SNAT ist MASQUERADE. Auch hier darf eine Bearbeitung nur in der POSTROUTING-Chain erfolgen. Der Unterschied liegt darin, dass bei SNAT die öffentliche IP-Adresse explizit angegeben werden muss und bei MASQUERADE diese IP-Adresse automatisch ermittelt wird. Besitzt man eine dynamisch zugewiesene IP-Adresse, ist diese Variante zu bevorzugen.

Destination-NAT (DNAT), auch Port-Forwarding genannt, ist hingegen nur in der PREROUTING- oder in der OUTPUT-Chain möglich. In diesem Fall wird die Zieladresse eines ankommenden Pakets geändert. Eine typische Anwendung ist ein Webserver im lokalen Netz, der sich auf einem anderen Rechner als die Firewall befindet (idealerweise in einer DMZ). Erhält die Firewall nun ein Paket mit dem Ziel-Port 80 (TCP), so wandelt er die IP-Adresse in der PREROUTING-Chain in die entsprechende lokale IP-Adresse um. Danach erfolgt die Bearbeitung in der FORWARD-Kette der Filter-Tabelle und bei erfolgreicher Behandlung schlussendlich die Weiterleitung an den entsprechenden Rechner.

2.3 Die Mangle-Tabelle

Die Aufgabe der Mangle-Tabelle ist, Pakete zu modifizieren, bevor sie die NAT- und Filterketten durchlaufen. Daraus folgt, dass die Filterregeln auf bereits geänderte Pakete angewendet werden. Die Mangle-Tabelle besteht ab der Kernel-Version 2.4.18 [3] aus den fünf Ketten INPUT, OUTPUT, FORWARD, PREROUTING und POSTROUTING. Abbildung 3 zeigt das Zusammenspiel aller Ketten sämtlicher Tabellen, einschließlich der Raw-Tabelle, die in Kapitel 2.4 behandelt wird.

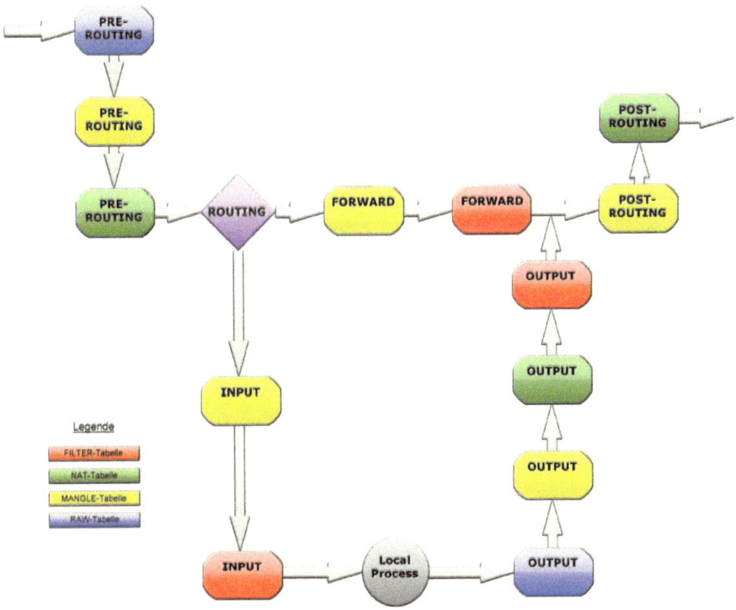

Abbildung 3: Sämtliche Tabellen inkl. deren Ketten

Mittels der Mangle-Tabelle können u.a. das TOS-Feld oder der TTL-Wert eines Pakets verändert werden. Für die Filter der QDisc ist jedoch das Ziel MARK interessant: Dabei werden Pakete mit einer Zahl markiert, die jedoch das Paket selbst nicht verändern. Die Markierung erlischt, sobald das Paket die Firewall wieder verlässt. Die Art und Weise, wie diese markierten Pakete den Filtern der QDisc dienlich sind, ist in Kapitel 3.3.1 erläutert.

2.4 Die Raw-Tabelle

Die Raw-Tabelle besteht nur aus der PREROUTING-Chain und der OUTPUT-Chain, wobei ein vom Netzwerk kommendes Paket vor allen anderen Ketten zuerst die PREROUTING-Kette und ein lokal erzeugtes Paket zuerst die OUTPUT-Kette der Raw-Tabelle durchläuft (siehe Abbildung 3).

Mit der Raw-Tabelle ist es z. B. möglich, bestimmte Pakete vom Connection Tracking auszuschließen.

3 Traffic Control

Traffic Control ist notwendig, um den vorhandenen Netzwerkverkehr gezielt zu beeinflussen. Dabei stellt Traffic Control einen Überbegriff dar, der aus folgenden Elementen besteht [4]:

- Shaping
- Scheduling
- Classifying
- Policing
- Dropping
- Marking

Unter Shaping versteht man eine beabsichtigte Verzögerung der Weiterleitung von Paketen, sodass eine gewünschte Bandbreite erreicht wird.

Scheduling ist ein Mechanismus, der eingehende Pakete so anordnet, dass diese in der gewünschten Reihenfolge die Queue wieder verlassen. Im einfachsten Fall handelt es sich dabei um einen einfachen FIFO-Scheduler. Prinzipiell kann aber jeder Traffic Controll-Mechanismus, der den ausgehenden Netzwerkverkehr bearbeitet, als Scheduler betrachtet werden.

Beim Classifying werden Pakete, die unterschiedlich in Bezug auf die Weiterleitung behandelt werden müssen, klassifiziert und abschließend in eine speziell für diese Art von Paket vorgesehene Queue gestellt.

Policing ist ebenso wie das Shaping ein Mechanismus, der den Netzwerkverkehr begrenzt. Der Unterschied jedoch ist, dass Shaping auf der ausgehenden Seite angewandt wird und Policing den eingehenden Datenverkehr kontrolliert. Liegt die Bandbreite nicht über einem bestimmten Limit, darf der Netzwerkverkehr passieren. Wird dieses Limit jedoch überschritten, so werden so viele Pakete verworfen, bis die definierte Bandbreite wieder hergestellt ist. Das ist der nächste Unterschied gegenüber dem Shaping-Mechanismus: Beim Policing ist kein Mechanismus dafür vorgesehen, Pakete in eine Warteschlange zu stellen und zu verzögern.

Unter Dropping versteht man einen Mechanismus, der Pakete mit bestimmten Eigenschaften verwirft.

Beim Marking werden die ersten sechs Bits im TOS-Feld des IP-Headers modifiziert (bei IPv4), um die Priorität des Pakets zu kennzeichnen. Diese markierten Pakete werden dann von den anderen Routern innerhalb einer administrativen Domain entsprechend behandelt. Bezüglich des TOS-Felds ist noch anzumerken, dass sich dessen Bedeutung innerhalb der letzten Jahre geändert hat. Im RFC 791 [5] aus dem Jahr 1981 hat das TOS-Feld, welches das zweite Oktett im IP-Header ist, folgende Bedeutung:

Bit:	0	1	2	3	4	5	6	7
	Precedence			**D**	**T**	**R**	**-**	**-**

Abbildung 4: TOS-Feld

Die ersten drei Bits spezifizieren dabei die Dringlichkeit eines IP-Pakets. Die QoS-Eigenschaften werden in den darauf folgenden drei Bits festgelegt. Der Host kann dabei bestimmen, ob er einen geringen Delay (D), einen hohen Durchsatz (T) oder Zuverlässigkeit (R) wünscht. Bit 6 und 7 bleiben unbenutzt. Theoretisch kann ein Router anhand dieser drei Felder QoS bewerkstelligen, praktisch wird dieses Feld heutzutage ignoriert. Aus diesem Grund wurde das TOS-Feld etwas modifiziert, um es den Differentiated Services, kurz DiffServ, anzupassen. Abbildung 5 zeigt den Unterschied.

Bit:	0	1	2	3	4	5	6	7
	Differentiated Service Code Point (DSCP)						**-**	**-**

Abbildung 5: DiffServ-Feld

Die ersten sechs Bits geben hier an, zu welcher Dienstklasse ein Paket gehört. Diese Dienstklassen umfassen unter anderem auch die historischen Klassen, damit eine Kompatibilität gewährleistet ist.

Die beiden nachfolgenden Kapitel 3.1 und 3.2 geben einen grundlegenden Überblick über einige der in Linux verwendeten Traffic Control-Werkzeuge.

3.1 Classless Queueing Disciplines

Klassenlose QDiscs sind nicht annähernd so flexibel wie ihre klassenbehafteten Pendants. Trotzdem reicht es in bestimmten Fällen, auf diese zurückzugreifen. Will man lediglich den Netzwerkverkehr für eine gesamte Schnittstelle limitieren oder Wartezeiten fair verteilen, so reichen die klassenlosen QDiscs vollkommen aus.

Eine weitere Existenzberechtigung der Classless QDiscs liegt in der Natur der Classful QDiscs: An deren Leaf-Klassen müssen sich letztendlich wieder klassenlose QDiscs befinden.

3.1.1 pfifo_fast

Die pfifo_fast-Queue wird den physikalischen Netzwerkschnittstellen vom Kernel defaultmäßig zugeordnet. Hierbei handelt es sich um eine Queue, die drei sogenannte Bänder beinhaltet, wie in Abbildung 6 schematisch dargestellt ist. Jedes dieser Bänder arbeitet nach dem First-In-First-Out-Prinzip. Dabei werden die einzelnen Bänder unterschiedlich bevorzugt: Befinden sich in Band 0 noch Pakete, so werden eventuell vorhandene Pakete in

Band 1 nicht weitergeleitet. Analog verhält es sich zwischen Band 1 und dem niedrigstprioren Band 2.

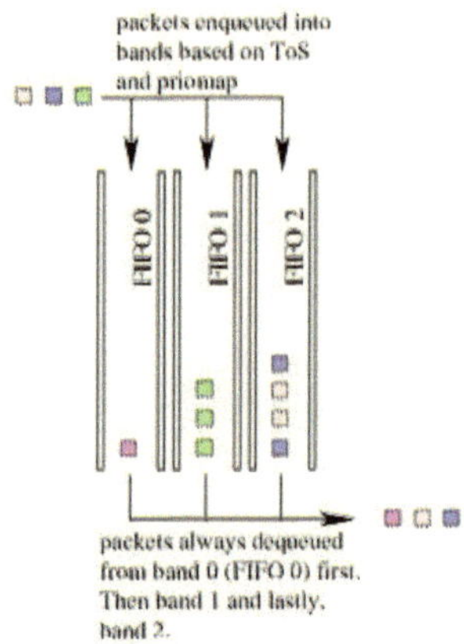

Abbildung 6: pfifo_fast [4]

Die Entscheidung, welches Paket welchem Band zugeordnet wird, wird anhand des TOS-Feldes im IP-Header getroffen. Diese vier Bits (Bit 3 bis 6 im Type-Of-Service-Oktett) kennzeichnen das Paket in Bezug auf die gewünschten QoS-Eigenschaften und werden in [6] folgendermaßen spezifiziert:

TOS-Bits (binär)	Bedeutung
1000	minimize delay (md)
0100	maximize throughput (mt)
0010	maximize reliability (mr)
0001	minimize monetary cost (mmc)
0000	normal service

Tabelle 1: Bedeutung der TOS-Bits

Aufgrund des 4 Bit breiten Feldes ergeben sich 16 mögliche Kombinationen, die der Linux-Kernel auf eine bestimmte Priorität mappt und diese Priorität in weiterer Folge einem Band zuordnet. Die modifizierte Tabelle 2 beschreibt die defaultmäßige Zuordnung von TOS-Bits zu den Bändern [7]. Hier ist unter anderem ersichtlich, dass Paketen von interaktiven Anwendungen, die eine minimale Verzögerungszeit benötigen, eine Zuordnung zu Band 0 erfolgt. Das ist auch notwendig, denn ein Mapping auf ein anderes Band bedeutet für das Paket, dass es unter Umständen so lange auf den Weitertransport warten muss, bis die höherprioren Bänder leer sind. Dies würde die Verzögerungszeit negativ beeinflussen.

Die Umsetzung der Linux Priority auf die Bänder (priomap) kann man sich auf der Kommandozeile anzeigen lassen. Die standardmäßige Einstellung sieht folgendermaßen aus:

1, 2, 2, 2, 1, 2, 0, 0, 1, 1, 1, 1, 1, 1, 1, 1

TOS-Bits (dezimal)	Bedeutung	Linux Priority	Band
0	normal service	0 Best Effort	1
1	mmc	1 Filler	2
2	mr	0 Best Effort	1
3	mmc + mr	0 Best Effort	1
4	mt	2 Bulk	2
5	mmc + mt	2 Bulk	2
6	mr + mt	2 Bulk	2
7	mmc + mr + mt	2 Bulk	2
8	md	6 Interactive	0
9	mmc + md	6 Interactive	0
10	mr + md	6 Interactive	0
11	mmc + mr + md	6 Interactive	0
12	mt + md	4 Int. Bulk	1
13	mmc + mt + md	4 Int. Bulk	1
14	mr + mt + md	4 Int. Bulk	1
15	mmc + mr + mt + md	4 Int. Bulk	1

Tabelle 2: Priority Mapping

Diese Ausgabe kann man anhand eines Beispiels folgendermaßen interpretieren: Pakete mit interaktivem Inhalt sind laut Tabelle 2 der Linux Priority 6 zugeordnet. An der sechsten Stelle der Ausgabe – von 0 beginnend – wird angezeigt, dass diese Pakete dem Band 0 zugeteilt werden.

Die Größe der Queue kann nicht mit dem tc-Befehl verändert werden. Diese Einstellung muss über ifconfig bzw. ip vorgenommen werden.

3.1.2 bfifo und pfifo

Diese beiden QDiscs sind schlichte FIFO-Queues. Sie priorisieren eingehende Pakete in keiner Weise. Der Algorithmus dieser beiden Warteschlangen, in Abbildung 7 dargestellt, ist auch dementsprechend simpel: Trifft ein zu sendendes Paket ein, wird es am Ende einer Liste eingefügt. Soll ein Paket gesendet werden, so wird jenes verschickt, dass sich am Anfang der Liste befindet.

Mit dem Parameter „limit“ kann die maximale Queue-Größe eingestellt werden. Hier liegt auch der Unterschied zwischen diesen beiden QDiscs: bfifo interpretiert diesen Wert als Byte-Größe, pfifo hingegen als die Anzahl der Pakete.

Wird die Liste zu groß, werden keine weiteren Pakete mehr akzeptiert. Dies bezeichnet man auch als „tail drop“ [8].

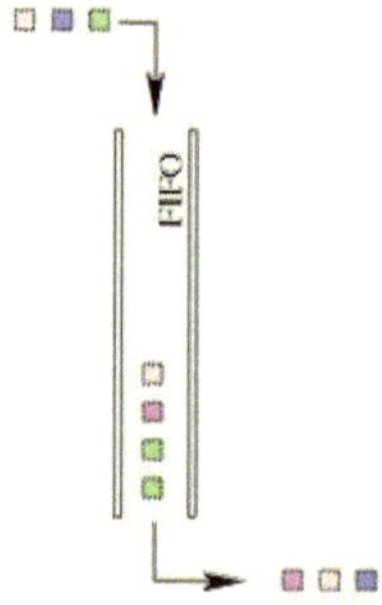

Abbildung 7: bfifo/pfifo [4]

3.1.3 Stochastic Fairness Queueing (SFQ)

Dieser Algorithmus sorgt für Fairness für alle bestehenden Verbindungen. Dazu verwendet er 127 FIFO-Queues, die alternierend nach dem Round-Robin-Verfahren senden (siehe Abbildung 8).

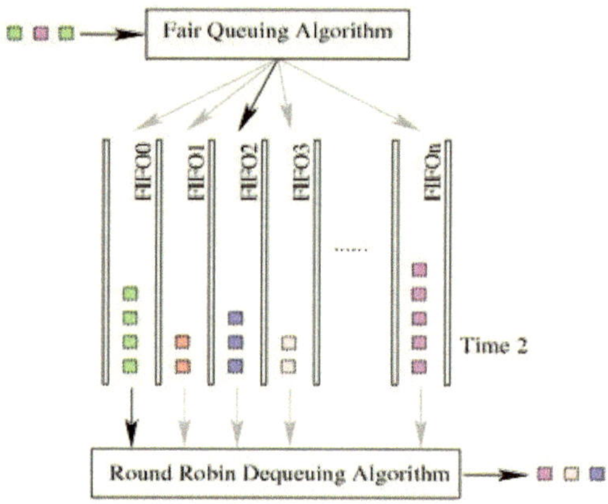

Abbildung 8: Stochastic Fair Queueing [4]

Welche Verbindung an welche Warteschlange gekoppelt wird, wird dabei durch ein Hashverfahren entschieden. Dabei kann es vorkommen, dass sich mehrere Verbindungen eine Queue teilen müssen. Damit diese Unfairness so weit als möglich beseitigt wird, wechselt der SFQ-Algorithmus die Hashfunktion in periodischen Abständen.

Die Dauer dieses Zeitabstandes kann dabei optional angegeben werden (perturb). Ein weiterer optionaler Parameter bestimmt die Paketgröße, die eine Queue auf einmal senden darf (quantum). Hier gilt es zu beachten, dass der übergebene Wert die MTU nicht unterschreitet; größere Pakete würden die Warteschlange in diesem Fall nie verlassen.

Durch die Verwendung eines Round-Robin-Verfahrens entsteht bei diesem Algorithmus auch der Vorteil, dass die Auswirkungen eines DoS Angriffs abgeschwächt werden [9].

3.1.4 Token Bucket Filter (TBF)

Token Bucket Filter arbeiten als Shaper. Sie werden dazu verwendet, um die ausgehende Datenrate gezielt zu drosseln. Das passiert auf Basis eines sogenannten Buckets, der kontinuierlich mit Tokens gefüllt wird. Ein Token repräsentiert dabei eine bestimmte Bytegröße.

Wird ein Paket zum Senden freigegeben, so benötigt es die entsprechende Anzahl an Tokens, um weitergeleitet werden zu können. Ist diese Menge im Bucket nicht vorhanden, so kann das Paket nicht gesendet werden und muss so lange in einer Queue verweilen, bis die erforderliche Menge an Tokens verfügbar ist. Diese Queue ist als innere Klasse des TBF realisiert, deren Größe der Benutzer durch den limit-Parameter festlegen kann. Wenn die Queue voll ist, werden weitere einlangende Pakete verworfen. Abbildung 9 verdeutlicht das Prinzip des TBF.

Folgende drei Szenarien sind möglich, wenn weiterzuleitende Pakete eintreffen:

- Die Pakete treffen mit derselben Geschwindigkeit ein, wie entsprechende Tokens erzeugt werden:

  Die QDisc kann jedes Paket sofort weitersenden, da genügend Tokens vorhanden sind und diese auch nicht restlos verbraucht werden.

- Die Pakete treffen langsamer ein, wie entsprechende Tokens erzeugt werden:

  Auch in diesem Fall wird jedes Paket aufgrund der Existenz von Tokens sofort weitergeleitet. Der Bucket füllt sich bis zu einer vordefinierten Grenze (mittels burst-Parameter) mit Tokens, wird diese erreicht, werden weitere Tokens verworfen.

- Die Pakete treffen schneller ein, wie entsprechende Tokens erzeugt werden:

  Jedes Paket wird mit der größtmöglichen Geschwindigkeit weitergeleitet, so lange Tokens vorhanden sind. Wenn das letzte Token verbraucht ist, werden die weiteren Pakete in eine Queue gestellt und können erst dann gesendet werden, wenn die benötigte Anzahl an Tokens wieder zur Verfügung steht. In diesem Szenario erfüllt der TBF seine eigentliche Aufgabe der Bandbreitenbegrenzung, wobei er einen kurzfristigen Burst in der Größe des Buckets erlaubt.

  Will man auch diesen kurzfristigen Burst nicht gestatten bzw. limitieren, so kann man dafür den peakrate-Parameter verwenden. Die peakrate ist dabei als ein zweiter TBF realisiert, welcher einen kleineren Bucket verwendet.

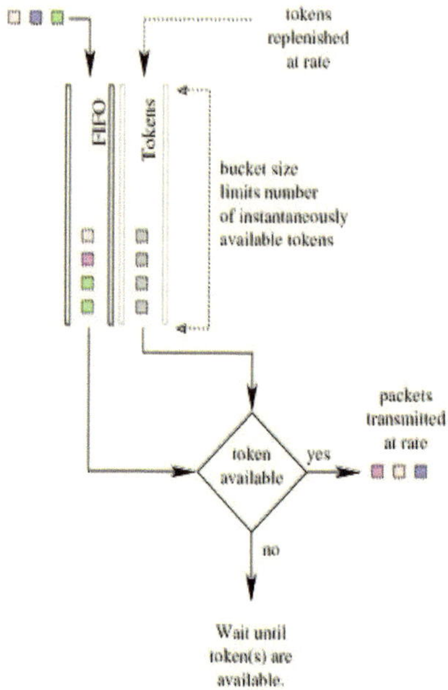

Abbildung 9: Token Bucket Filter [4]

3.1.5 Weitere Classless Queueing Disciplines

Die oben angeführten QDiscs sind die bekanntesten und am meisten dokumentierten klassenlosen Algorithmen. Es existieren aber noch weitere, teilweise in den Man-Pages unerwähnten, Classless Queueing Disciplines [4], u.a.:

- ESFQ (Extended SFQ): Im Prinzip handelt es sich um denselben Algorithmus wie beim SFQ, jedoch hat man die Möglichkeit, mehr Parameter zu beeinflussen. So kann der Benutzer etwa bestimmen, welcher Hash-Algorithmus verwendet wird.
- RED bzw. GRED ((Generic) Random Early Drop): Bei diesem Algorithmus wird die Tatsache ausgenutzt, dass TCP die Bandbreite automatisch verringert, wenn zu viele Pakete verloren gehen. RED verwirft gezielt ankommende Pakete, sobald die Queue eine bestimmte Größe erreicht hat. Durch diesen Algorithmus erreicht man eine Verbesserung der Latenzzeit.

3.2 Classful Queueing Disciplines

Jeder Netzwerkschnittstelle kann nur eine QDisc zugeordnet werden. Für einfache Strukturen reichen die klassenlosen QDiscs aus. Werden die Strukturen jedoch komplexer, so sind diese nur unter Zuhilfenahme von Klassen zu bewerkstelligen.

Mit Hilfe von Klassen und Filtern, auf die später noch eingegangen wird, ist es möglich, jede Art von Netzwerkverkehr unterschiedlich zu behandeln.

Die Basis einer Classful QDisc bildet die Root-QDisc, welche direkt an die Netzwerkschnittstelle angebunden ist. Eine oder mehrere Klassen werden der Root-QDisc hierarchisch untergeordnet. Diesen Klassen können in weiterer Folge wiederum Klassen oder QDiscs angehängt werden. Am Ende des Baumes befinden sich die sogenannten *leaf classes*, an denen noch eine abschließende (klassenlose) QDisc angehängt werden muss, da die Klassen selber keine Pakete verarbeiten können. Wenn die letzte QDisc nicht explizit angegeben wird, dann wird die Default-QDisc pfifo_fast verwendet.

Die Funktionsweise einer Classful QDisc gestaltet sich grundsätzlich auf folgende Art: Treffen Netzwerkpakete in der Root QDisc ein, werden diese dort anhand von Filterregeln klassifiziert werden und an die entsprechenden Klassen weitergeleitet. Diese Kindklassen können wieder eigene Filterregeln verwenden, um die Pakete einer neuen Klassifikation zu unterziehen. Letztendlich kommt das Netzwerkpaket bei einer klassenlosen QDisc am Ende des Baumes an. Anzumerken an dieser Stelle ist noch, dass ein Netzwerkpaket keinesfalls den ganzen Baum durchlaufen muss, bis es zu der QDisc anlangt, die für dessen Bearbeitung verantwortlich ist. Es ist sogar üblich, dass in der Root QDisc eine Default-(leaf)Klasse angegeben wird, an die jene Pakete direkt weitergeleitet werden, die keinen Filterregeln entsprechen.

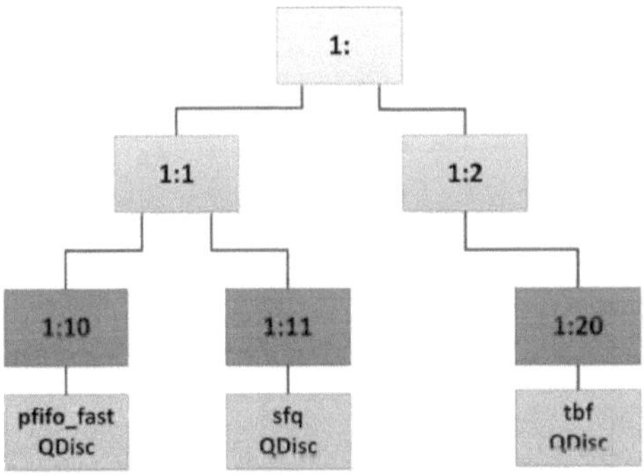

Abbildung 10: Klassenhierarchie

In Abbildung 10 wird eine typische Klassenhierarchie gezeigt. An oberster Stelle befindet sich die Root QDisc (1:), der direkt 2 Klassen untergeordnet sind (1:1 und 1:2). Die Klasse 1:1 ist die Elternklasse von den beiden Klassen 1:10 und 1:11. Die beiden letztgenannten Klassen stehen in einer Sibling-Beziehung zueinander. Der Klasse 1:2 ist nur die Kindklasse 1:20 untergeordnet. Allen drei Leaf-Klassen ist zu guter Letzt noch jeweils eine QDisc angehängt, die die Pakete entsprechend verarbeiten.

Die Bezeichnungen der Klassen und QDiscs bestehen aus einer Major- und einer Minor-Nummer (jeweils ein 16-Bit-Integerwert). Die Major-Nummer kennzeichnet die QDisc, der eine Klasse angehört, die Minor-Nummer die Klasse selbst. Die Minor-Nummer einer QDisc ist immer 0, die Angabe dieses Wertes ist optional. Anders bei den Klassen, hier muss die Minor-Nummer ein ganzzahliger Wert größer 0 sein. Des Weiteren müssen die Minor-Nummern innerhalb einer QDisc eindeutig sein.

3.2.1 PRIO QDisc

Die Funktionsweise dieser QDisc ist ähnlich der von pfifo_fast. Die Bänder sind in der PRIO QDisc jedoch als Klassen realisiert. Diese Klassen – per Default drei – müssen nicht explizit erstellt werden, sie werden beim Anlegen der QDisc automatisch erzeugt. Band n entspricht dabei der Minor-Nummer n+1, d.h., die höchstpriore Klasse hat die Klassen-ID :1.

Mit dem optionalen bands-Parameter kann man die Anzahl der Klassen bestimmen, die die PRIO QDisc erzeugen soll. Ebenfalls optional, aber bei Modifizierung des bands-Parameters zwingend, ist der priomap-Parameter. Die Funktionsweise der priomap ist in Kapitel 3.1.1 beschrieben.

Neben dem Vorteil, dass man die Anzahl der Bänder bestimmen kann, bietet die PRIO QDisc noch einen weiteren: Die Art und Weise, nach welchen Kriterien eingehende Pakete klassifiziert werden, ist nun nicht mehr alleine auf die TOS-Bits beschränkt. Als weitere Möglichkeit steht eine Klassifizierung anhand eines Filters, der an die QDisc angehängt ist, zur Verfügung. Die dritte Option besteht darin, dass ein Prozess mit entsprechend ausgestatteten Rechten die Zielklasse mittels SO_PRIORITY selbst bestimmen kann [10].

Die Vorteile dieser QDisc entsprechen denen der pfifo_fast: Pakete, die eine minimale Verzögerung fordern, können in eine hochpriore Klasse weitergeleitet werden, um deren QoS-Anforderungen nachzukommen. Jedoch entstehen auch Nachteile. Herrscht in den Klassen mit niedriger Klassen-ID viel Netzwerkverkehr, kann es vorkommen, dass die Pakete in den niederwertigeren Klassen nie oder selten zum Zug kommen (Starvation). Abhilfe schafft hier ein Shaper, z.B. ein TBF, der die Bandbreite für die hochprioren Klassen auf ein vernünftiges Maß reduziert.

3.2.2 Hierarchical Token Bucket (HTB)

Der HTB-Algorithmus ist im Linux-Kernel ab Version 2.4.20 enthalten. Für ältere Versionen steht jedoch ein Patch zur Verfügung [11].

Während beim klassenlosen TBF die Sendeleistung nur generell begrenzt werden kann, so ist es beim HTB durch den Einsatz von Klassen und einer geeigneten Definition der Struktur der Klassenhierarchie möglich, das Sendeverhalten in Bezug auf die Übertragungsbandbreite gezielter zu steuern. Der Algorithmus verwendet für jede einzelne Klasse das obengenannte Prinzip des Token Bucket Filter. So kann man etwa – entsprechende Filterregeln vorausgesetzt - Bandbreiten für bestimmte User, IP-Adressen, Portnummern u.v.m. garantieren. Über diese garantierte Bandbreite hinaus kann auf Wunsch auch ein Limit definiert werden, falls Bandbreite an anderer Stelle nicht genutzt wird (Borrowing).

Eine einfache Hierarchie eines HTB ist in Abbildung 11 dargestellt. Als Gesamtbandbreite werden von der Root-QDisc 1000 kbit/s zur Verfügung gestellt. Die Kindklassen werden so konfiguriert, dass beide Benutzer eine garantierte Bandbreite von jeweils 500 kbit/s verwenden können. Das Quantum von User A wird hier noch einmal aufgeteilt, einerseits in eine garantierte Bandbreite von 400 kbit/s für allgemeine Daten, andererseits in eine garantierte Bandbreite von 100 kbit/s für Sprachtelefonie.

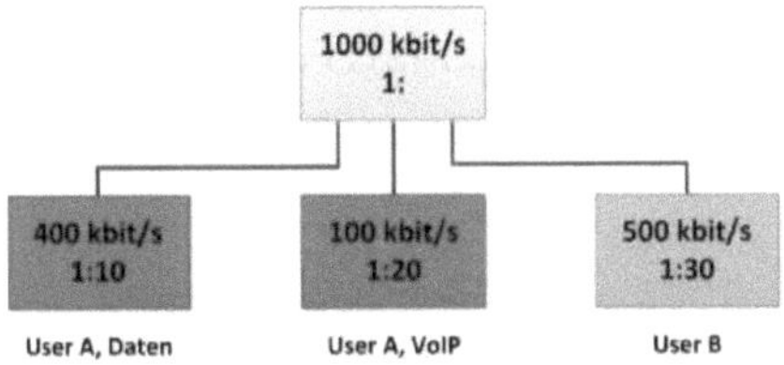

Abbildung 11: HTB-Klassenhierarchie Bsp. 1

Wenn jetzt die Annahme getroffen wird, dass User B seine ihm zustehende Bandbreite vollkommen ungenutzt lässt (0 kbit/s), dann werden „seine" 500 kbit/s den beiden Klassen von User A aliquot zur dort garantierten Bandbreite hinzugefügt, d.h. die 500 kbit/s werden im Verhältnis 4:1 aufgeteilt. Für Daten stehen User A dann letztendlich 800 kbit/s und für VoIP 200 kbit/s zur Verfügung. Voraussetzung für die Möglichkeit der Bandbreitenbelehnung ist jedoch der Wert des ceil-Parameters, der per Default auf die Höhe der garantierten Bandbreite (Parameter rate) eingestellt ist, also kein Borrowing erlaubt. Im obigen Beispiel müsste der ceil-Wert also 1000 kbit/s für alle drei Klassen betragen, wenn es erwünscht ist, dass jeder Klasse im Extremfall (die beiden anderen Klassen senden nichts) die volle Bandbreite zugeteilt wird.

Oft ist es aber nicht erwünscht, dass bestimmte Klassen andernorts ungenutzte Bandbreite zugewiesen wird. Eine mögliche Problemstellung lautet: User A bezahlt für eine Bandbreite von 500 kbit/s; es soll ihm gestattet sein, dass er sich Bandbreite für seine allgemeinen Daten von den VoIP-Daten und vice versa borgt, jedoch soll ihm verwehrt werden, dass er ungenutzte Bandbreite von User B bezieht.

Um dieses Problem zu lösen, muss in der bestehenden Klassenhierarchie eine neue Klasse eingefügt werden, wie Abbildung 12 zeigt:

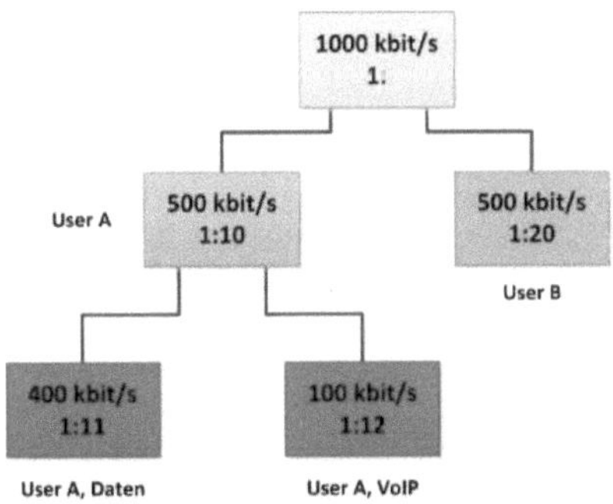

Abbildung 12: HTB-Klassenhierarchie Bsp. 2

Beide User bekommen nun wieder jeweils eine Bandbreite von 500 kbit/s zugewiesen. Die beiden spezifischen Klassen von User A sind nun Kindklassen der neu eingeführten Elternklasse (im Bild orange). Setzt man den ceil-Wert der neuen Elternklasse auf 500 kbit/s (in diesem Fall braucht man den ceil-Wert nicht unbedingt angeben, da er per Default ohnehin auf den rate-Wert von 500 kbit/s eingestellt ist), so können sich die beiden Kindklassen untereinander Bandbreiten ausleihen, jedoch keine von User B.

Letztendlich muss bei der Erstellung einer HTB-Klassenhierarchie Folgendes beachtet werden:

Die Summe der garantierten Bandbreiten in den Leaf-Klassen sollte nicht den ceil-Wert der Elternklasse übersteigen:

$$ceil_{parent\ class} \geq \sum_{i=1}^{n} rate_{leaf\ class\ (i)} \tag{1}$$

wobei n = Anzahl der Leaf-Klassen.

Idealerweise stellt die Elternklasse so viel garantierte Bandbreite zur Verfügung, wie deren Kindklassen in Summe benötigen [4]:

$$rate_{parent\ class} = \sum_{i=1}^{n} rate_{child\ class\ (i)} \tag{2}$$

wobei n = Anzahl der Kindklassen.

3.2.3 Weitere Classful Queueing Disciplines

Neben dem HTB und der PRIO QDisc existieren noch eine Reihe anderer Classful Queueing Disciplines, wie z.B.:

- Class Based Queueing (CBQ): Dies ist die komplexeste und am schwierigsten zu konfigurierende QDisc. Des Weiteren arbeitet dieser Algorithmus nicht sehr präzise [7]. CBQ beinhaltet einerseits Shaping-Elemente, kann also den Verkehr drosseln, und andererseits ist er in der Lage, den Netzwerkverkehr zu priorisieren. Aufgrund der unpräzisen Arbeitsweise wird dieser Filter üblicherweise durch den viel exakter arbeitenden HTB ersetzt.
- Hierarchical Fair Service Curve (HFSC): Manche Probleme sind nicht alleine durch das Garantieren einer bestimmten Bandbreite lösbar. So benötigt etwa VoIP ein Queueing, das Verzögerungen vermeidet. HFSC behandelt beide Ressourcen (Bandbreite und Verzögerungszeit) getrennt voneinander und vergibt sie nach einem Servicekurven-Modell [12].
- Intermediate Queueing Device (IMQ): Die bisher besprochenen QDiscs behandelten den ausgehenden Netzwerkverkehr (Egress QDisc). Linux verfügt jedoch auch eine Ingress QDisc, die eingehende Pakete verarbeitet. Im Normalfall kann die Ingress QDisc nur mit Policer verwendet werden, die ein Shaping und Scheduling wegen fehlender Warteschlangen nur begrenzt realisieren kann [13]. IMQ verfolgt nun den Ansatz, Ingress Queueing mit Egress QDiscs zu kombinieren, um so den eingehenden Netzwerkverkehr besser steuern zu können.

3.3 Filter

Filter werden von den Classful QDiscs benötigt, damit sie die Pakete klassifizieren und entsprechend weiterleiten können. Die gebräuchlichsten Filter sind

- fw-Filter
- route-Filter
- u32-Filter

Alle drei Filter werden in den nachfolgenden Kapiteln 3.3.1 bis 3.3.3 einer genaueren Betrachtung unterzogen.

Der gemeinsame Nenner all dieser o.g. Filter sind die Parameter protocol, prio, parent und flowid. Der Parameter protocol bestimmt dabei das Netzwerkprotokoll, dass der Filter zur Entscheidungsfindung heranziehen soll. Hauptsächlich wird es sich dabei um das IP-Protokoll handeln. Die Priorität eines Filters wird durch den Parameter prio festgelegt. Filter mit höherer Priorität werden zuerst abgearbeitet, wobei der Wert 1 die höchste Priorität darstellt. Ein Filter wird mittels parent an die dort angegebene Klasse, die bereits existieren muss, angehängt. Der Parameter flowid bestimmt letztendlich, wohin das klassifizierte Objekt geleitet wird.

3.3.1 Klassifikation anhand Markierungen: Der fw-Filter

Voraussetzung für die Verwendung dieser Art von Filter ist iptables. In der dort vorhandenen Mangle-Tabelle können Pakete mit bestimmten Eigenschaften mit einer Markierung versehen werden. Bei dieser Markierung handelt es sich um einen frei wählbaren positiven Zahlenwert, der jedoch das Paket selbst nicht modifiziert. Sobald das Paket in das Netzwerk geschickt wird, ist auch die Markierung verloren.

Der fw-Filter beinhaltet einen handle-Parameter. Stimmt dieser mit der Markierung des einlangenden Pakets überein, so wird das Paket an die mit flowid definierte Klasse weitergeleitet.

Der Vorteil dieses Filters besteht in der einfachen Handhabung: Er benötigt nur den handle-Parameter zur Klassifikation der Pakete. Nachteile entstehen, wenn Änderungen vorgenommen werden müssen. Hier muss man an zwei verschiedenen Stellen, bei den iptables und beim Filter, Korrekturen vornehmen. Ein weiteres Manko ist die fehlende Flexibilität, die etwa ein u32-Filter bieten kann.

3.3.2 Klassifikation anhand der Routing-Tabelle: Der route-Filter

Die Basis der route-Filter stellt die Routing-Tabelle dar. Dabei wird einem bestimmten Routing-Eintrag eine willkürlich festgelegte Bereichsnummer (realm) zugeordnet.

Der route-Filter ordnet in weiterer Folge die Pakete mit der entsprechenden Bereichsnummer einer dafür vorgesehenen Klasse zu. Dabei unterscheidet er zwischen Paketen, die an einen bestimmten Bereich zu senden sind (Parameter to) und Paketen, die aus einem speziellen Bereich kommen (Parameter from/fromif).

Vor- und Nachteile sind ähnlich denen vom fw-Filter: relativ wenige Filterkriterien bei gleichzeitig einfacher Handhabung.

3.3.3 Flexibel klassifizieren mit dem u32-Filter

Den beiden davor betrachteten Filtern ist der Nachteil anbehaftet, dass sie auf andere Tabellen angewiesen sind. Der u32-Filter hingegen arbeitet vollkommen eigenständig. Die Funktionsweise liegt in der Auswertung bestimmter Felder des IP-Headers oder der Header der darüber liegenden Schicht, wie etwa TCP oder UDP. Jedes dieser Felder – oder Teile eines Feldes – kann in weiterer Folge zu einer Klassifikation herangezogen werden und das Paket entsprechend weitergeleitet werden.

Der u32-Filter besteht aus drei Teilen:

- Spezifikation: Dieser Teil beinhaltet die in Abschnitt 3.3 behandelten allgemeinen Parameter wie protocol, prio und parent.
- Selektor: Dabei handelt es sich um jenen Teil, der das aktuelle Paket untersucht.
- Aktion: Hier wird beschrieben, was mit dem Paket geschehen soll. Im Normalfall wird hier bestimmt, in welche Klasse das Paket, das den Filterregeln entspricht, weitertransportiert wird.

Die Untersuchung des Pakets erfolgt im Selektor und beginnt mit dem Schlüsselwort match. Die erste Option gibt an, wie groß die Bitbreite des zu untersuchenden Feldes ist; möglich sind hier die Optionen u32, u16 und u8. Als Nächstes folgen Muster (Pattern) und Maske und ein optionales Offset (in Byte). Wird kein Offset angegeben, so entspricht das dem Beginn des IP-Headers. Eine Sonderstellung nimmt das Offset nexthdr+ ein: Dabei zeigt das Offset auf den Beginn des Headers des nächsthöheren Protokolls.

Um die Funktionsweise des u32-Selektors zu verdeutlichen, folgt an dieser Stelle ein Beispiel, bei dem die Annahme getroffen, dass man sämtliche SSH-Pakete filtern will. SSH-Pakete beinhalten den TCP-Zielport 22. Ports sind in den Protokollen der Transportschicht, etwa TCP, eingetragen. Wie aus Abbildung 13 ersichtlich ist, ergeben Quell- und Zielport zusammen ein 32 Bit breites Feld.

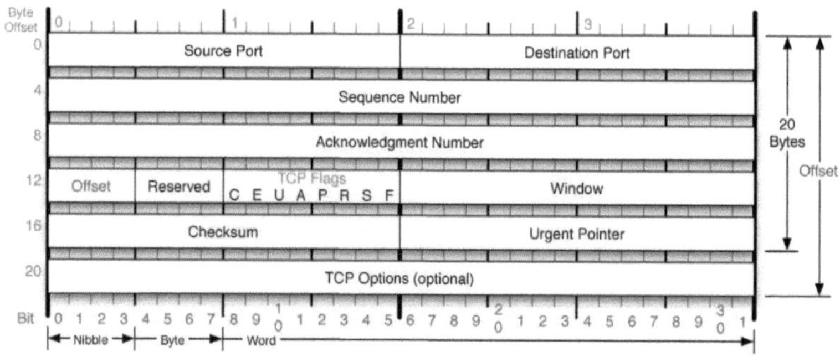

Abbildung 13: TCP Header [14]

Es wird also ein u32-Selektor mit dem Offset nexthdr+0 verwendet. Das bedeutet eine Untersuchung eines 32 Bit breiten Feldes des nächsthöheren Protokolls (TCP), dort beginnend bei Offset 0. Ein Problem ergibt sich, weil der Selektor nicht wissen kann, welches höhere

Protokoll untersucht werden soll. Darum wird hier eine zusätzliche Filterung benötigt, welche auch das 8 Bit breite Protocol-Feld im IP-Header untersucht.

Als Muster muss der Wert des zu filternden Ports angegeben werden, in diesem Fall 22 bzw. 0x16. Da für die Filterung nur die letzten 16 von den insgesamt 32 Bits relevant sind (Zielport), lautet die entsprechende Maske 0x0000ffff. Das Muster wird bei der Untersuchung mit der Maske AND-verknüpft, somit ist der Inhalt des Quellport-Feldes nicht von Bedeutung.

Für häufig benötigte Felder stellt der u32-Filter Vereinfachungen zur Verfügung. So kann statt des eben erklärten Selektor „`match u32 0x16 0xffff at nexthdr+0`" die vereinfachte Version „`match ip dport 22 0xffff`" verwendet werden.

Obwohl die Handhabung dieses Filters etwas komplexer ist als beim fw- oder route-Filter, so stehen einem hier doch die meisten Möglichkeiten einer Filterung zur Verfügung.

4 Aufbau und Bewertung einer Testumgebung mit Firewall und Traffic Control

Aufbauend auf den theoretischen Grundlagen der Kapitel 2 und 3 wird in diesem Abschnitt nun ein Testsystem aufgebaut, das entsprechendes Firewalling und Traffic Control beherrscht. Nach dem Aufbau und der Konfiguration werden Bandbreitenmessungen durchgeführt, analysiert und bewertet.

4.1 Die Testumgebung

Insgesamt stehen fünf Rechner für den Testaufbau gemäß Abbildung 14 zur Verfügung. Der erste PC dient als Router, der letztendlich die geforderten Firewall- und QoS-Eigenschaften implementiert. Der zweite Rechner befindet sich in einer DMZ mit eigener Netzwerkadresse, er kann in weiterer Folge etwa als Web oder Mailserver dienen. Die nächsten beiden Computer befinden sich im LAN der Testumgebung. Der letzte Rechner wird an die Internet-Schnittstelle des Routers angeschlossen, um auch Datenübertragungen messen zu können, die das private Netzwerk verlassen bzw. in das private Netzwerk gelangen. Die relevanten Merkmale der einzelnen Rechner sind in Tabelle 3 aufgeführt. Tabelle 4 geht dabei speziell auf den Router ein.

Bezeichnung	Betriebssystem	Schnittstelle am Router	IP-Adresse	Funktion
PC 1	Linux (Debian 5.0.3) [Kernel 2.6.26.2]	–	siehe Tabelle 4	Router
PC 2	Windows Vista	eth1	192.168.0.2 /24	Rechner in der DMZ
PC 3	Windows XP	eth2 [br0]	192.168.1.9 /24	Client 1 im LAN
PC 4	Windows Vista	eth4 [br0]	192.168.1.10 /24	Client 2 im LAN
PC 5	Linux (openSUSE 11.0) [Kernel 2.6.25.5]	eth0	62.178.52.1 / 24	Rechner im Internet

Tabelle 3: Die Rechner der Testumgebung

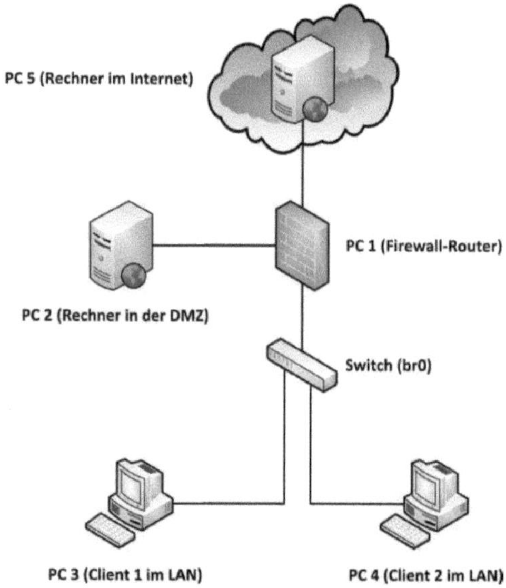

Abbildung 14: Die Testumgebung

Schnittstelle	IP-Adresse	Schnittstellengeschwindigkeit	Bemerkungen
eth0	62.178.52.192 /24	100 Mbit/s	
eth1	192.168.0.1 /24	1000 Mbit/s	
eth2	192.168.1.1 /24	100 Mbit/s	Die Schnittstellen eth2 – eth4 sind als Bridge mit der Bezeichnung br0 ausgeführt.
eth3	192.168.1.1 /24	100 Mbit/s	
eth4	192.168.1.1 /24	100 Mbit/s	

Tabelle 4: IP-Adressen des Routers

4.2 Anforderungen an die Firewall und den QDiscs

Die Firewall, die in Kapitel 4.4 erstellt wird, soll folgende Regeln erfüllen:

- Grundsätzlich werden alle Pakete verworfen, die nicht explizit erlaubt sind (restriktiver Ansatz)
- Gestattet sein muss:
  - Loopback am lokalen Rechner
  - Netzwerkverkehr vom LAN in die DMZ
  - Netzwerkverkehr vom LAN ins Internet
  - Netzwerkverkehr von der DMZ ins LAN
  - Netzwerkverkehr von der DMZ ins Internet
  - Jeglicher Netzwerkverkehr vom Router ausgehend
  - Annahme von Antwortpaketen, die zu einer bereits aufgebauten Verbindung gehören

- Annahme und Weiterleitung in die DMZ (DNAT) von folgenden Paketen aus dem Internet:
    - HTTP (Zielport 80)
    - HTTPS (Zielport 443)
    - FTP (Zielport 21)
    - SMTP (Zielport 25)
  - SSH-Verbindung zum Router (Zielport 22) von überall
  - SSH-Verbindung vom Router zur DMZ nur als Benutzer „root"
- Protokollierung aller Anfragen aus dem Internet, die nicht dem Zielport 21, 25, 80 oder 443 entsprechen
- Weitere Schutzmaßnahmen, auf die in Kapitel 4.4 eingegangen wird

Die QDiscs werden in Kapitel 4.5 erstellt und konfiguriert. Dabei sollen folgende Anforderungen erfüllt werden[1]:

- Schnittstelle eth0 (Upstream ins Internet): ADSL- oder Kabelmodems besitzen im Regelfall einen Sendepuffer, der sich zu füllen beginnt, wenn die Summe der Upstream-Bandbreite der lokalen Rechner größer ist als die zur Verfügung stehende Bandbreite ins Internet. Tritt dieser Fall ein, haben interaktive Anwendungen den Nachteil, dass ihre Pakete erst gesendet werden, wenn die in der Queue vorangestellten (und möglicherweise zeitunkritischen) Pakete gesendet wurden. Eine direkte Manipulation an der Modemwarteschlange ist selbstverständlich nicht möglich, jedoch kann man den Upstream von der Netzwerkkarte zum Modem derart drosseln, dass sich die Queue des Modems nie füllen kann. Dies soll mittels einer Classless QDisc – dem Token Bucket Filter – realisiert werden. Obwohl klassenlos, besitzt der TBF genau eine sogenannte innere Klasse, der eine weitere QDisc zugeordnet werden kann. An diese innere Klasse soll eine SFQ-QDisc angehängt werden, damit eine faire Behandlung aller Verbindungen erfolgt.
- Schnittstelle eth1 (Upstream zur DMZ): Hier muss unterschieden werden, ob der Netzwerkverkehr in Richtung DMZ vom LAN oder vom Internet kommt. Von der möglichen Internet-Download-Bandbreite von 40 Mbit/s sollen der DMZ garantierte 24 Mbit/s zugestanden werden. Diese Menge teilt sich wiederum auf in HTTP-Verkehr, HTTPS-Verkehr (je 6 Mbit/s), FTP-Verkehr (10 Mbit/s) und SMTP-Verkehr (2 Mbit/s). Diese vier Anwendungen dürfen untereinander Bandbreite bis zur Maximalgröße von 24 Mbit/s entlehnen, wenn sie zur Verfügung steht. Ein Borrowing darüber hinaus ist nicht gestattet.

  Für SSH-Verkehr in Richtung DMZ müssen 2 Mbit/s reserviert werden. Die verbleibenden 974 Mbit/s stehen dem Datentransport aus dem LAN zur Verfügung. Beim Verkehr aus dem LAN wird wieder differenziert zwischen HTTP (15 Mbit/s), HTTPS (5 Mbit/s), FTP (60 Mbit/s), SMTP (10 Mbit/s) und sonstigem LAN-Verkehr (10 Mbit/s). Diese Aufteilung scheint bei Vorhandensein einer 1000Mbit/s-Schnittstelle zwar etwas verwunderlich, jedoch wurden diese Werte gewählt, um sinnvolle Messungen zwischen der DMZ und den Clients im LAN durchzuführen,

[1] Für den Netzwerkverkehr in das Internet stellt der Provider eine maximale Bandbreite von 50,2 Mbit/s für den Download und 5,12 Mbit/s für den Upload zur Verfügung. Der Wert von 40Mbit/s für den Download und 4Mbit/s für den Upload wurde nie unterschritten und wird bei den nachfolgenden Betrachtungen als die zur Verfügung stehende Bandbreite in Richtung Internet angenommen.

welche jeweils nur über ein 100Mbit/s-Interface verfügen. Sowohl der Verkehr vom LAN als auch der SSH-Verkehr vom Router zum LAN können sich bei Verfügbarkeit die Gesamtbandbreite von 1000 Mbit/s zunutze machen.

SFQ-QDiscs müssen an jede Leaf-Klasse eines HTB angehängt werden. Als Filter für die Schnittstelle eth1 soll der fw-Filter verwendet werden. Ein mögliches Schema ist in Abbildung 15a ersichtlich.

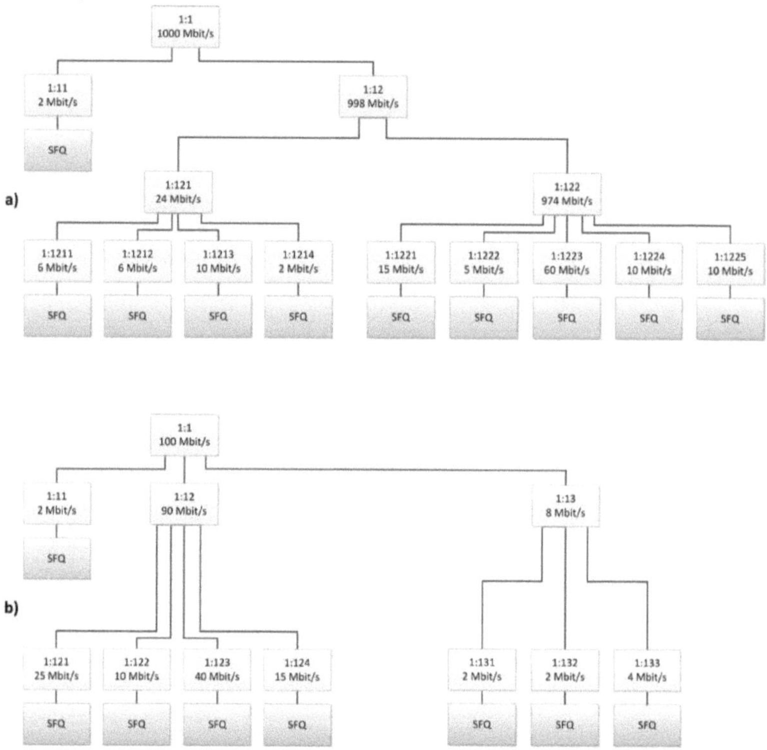

Abbildung 15: QDiscs für die LAN- und DMZ-Schnittstellen

- Schnittstellen eth2 und eth4 (Upstream zu den LAN-Clients): Jede dieser beiden Interfaces müssen sich die verbleibenden 16 Mbit/s Internet-Downloadbandbreite teilen. Für HTTP stehen jeweils 2 Mbit/s, für HTTPS 2 Mbit/s und für FTP 4 Mbit/s garantierte Bandbreite zur Verfügung, ein Entlehnen bis maximal 8 Mbit/s ist erlaubt.

  Für den Download aus der DMZ entfallen garantierte 25 Mbit/s für HTTP, 10 Mbit/s für HTTPS, 40 MBit/s für FTP und 15 Mbit/s für den restlichen LAN-Verkehr. Die verbleibenden 2 Mbit/s sind wieder für den SSH-Verkehr reserviert. Wie schon bei der Schnittstelle eth1 dürfen sich sowohl SSH als auch der LAN-Traffic die zur Verfügung stehende Bandbreite ausleihen.

Abschließende QDiscs werden wieder mittels SFQ realisiert, als Filter soll jedoch der u32-Filter verwendet werden. Abbildung 15b zeigt eine mögliche Realisierung der Anforderung.

4.3 Vorbereitungen

Bevor mit der Errichtung der Firewall und der QDiscs begonnen wird, sollten noch einige Vorkehrungen getroffen werden:

- Konfiguration der Netzwerkkarten
- Installation von SSH
- Installation des Programmes iperf bzw. jperf

Auf diese teils notwendigen Maßnahmen wird im Folgenden kurz eingegangen.

4.3.1 Konfiguration der Netzwerkkarten

In der Testumgebung stehen insgesamt drei Netzwerke zur Verfügung:

- 192.168.0.0 /24 (DMZ)
- 192.168.1.0 /24 (LAN)
- 62.178.52.0 /24 (Internet)

Die Netzwerk-Interfaces eth0 und eth1 sind direkt mit dem jeweiligen Netz verbunden, die Schnittstellen eth2 bis eth4 werden hingegen als Switch mit der Adresse 192.168.1.1 geschalten. Der Switch trägt die Bezeichnung br0, was etwas irreführend ist, da eine Bridge nur die Kommunikation über zwei Ports erlaubt. Im Folgenden wird dennoch der Begriff Bridge gewählt. Die Konfiguration der Netzwerkkarten erfolgt unter Linux in der Datei `/etc/network/interfaces`. Dort werden für jedes Interface die IP-Adresse, die Netzmaske, die Broadcast- und Netzwerkadresse sowie das entsprechende Gateway eingetragen. Weiters wird definiert, ob es sich um eine statische oder um eine per DHCP bezogene IP-Adresse handelt. Die Konfiguration der Schnittstelle eth1 sieht folgendermaßen aus:

```
auto  eth1
iface eth1 inet static
     address   192.168.0.1
     netmask   255.255.255.0
     broadcast 192.168.0.255
     network   192.168.0.0
     gateway   62.178.52.192
```

Wird eine Bridge konfiguriert, so wird eine zusätzliche Zeile eingefügt, in der man jene Ethernet-Schnittstellen angibt, die als Ports für die Bridge dienen. Zu beachten ist dabei, dass man diesen NICs davor noch keine IP-Adresse zugewiesen hat. Um ein Bridging zu ermöglichen, müssen die entsprechenden Tools installiert werden. Unter Debian erfolgt dies z.B. mit dem Paketmanager:

```
aptitude install bridge_utils
```

Nach abgeschlossener Konfiguration aller Netzwerkkarten muss das Networking mittels

```
/etc/init.d/networking restart
```

neu gestartet werden. Mithilfe des Befehls `ifconfig` können die Einstellungen kontrolliert werden.

4.3.2 Installation von SSH

Um den Router nicht nur lokal, sondern auch über das Netz sicher administrieren zu können, bedarf es eines Tools wie SSH. Dieser Dienst bietet dem Client eine Konsole an, mit der er den Rechner, der als SSH-Server agiert, bedienen kann. Die Kommunikation zwischen Server und Client erfolgt dabei verschlüsselt.

Die Installation des SSH-Dienstes kann wieder mit dem Paketmanager erfolgen:

```
apt-get install ssh
```

Dabei werden sowohl der Server als auch der Client installiert. Die Konfigurationsdatei für den SSH-Daemon lautet `/etc/ssh/sshd.config`. Interessant aus Sicht der Sicherheit ist die Modifikation des Eintrags `PermitRootLogin` auf den Wert „no". Dies unterbindet ein Einloggen auf das System als Benutzer „root". Nach jeder Änderung in dieser Datei muss SSH mit dem Befehl

```
/etc/init.d/ssh restart
```

neu gestartet werden, damit diese Änderungen wirksam werden. Um den Client unter Linux zu benutzen, reicht die Anweisung

```
ssh <IP-Adresse des Servers>
```

Bei der erstmaligen Anwendung erhält man einen Warnhinweis, ob man dem Server vertraut. Bestätigt man dies positiv, erscheint anschließend der Login-Prompt.

Die Windows-Rechner in der Testumgebung können z. B. mit dem Programm „PuTTY" Zugriff auf den Router erlangen.

4.3.3 Installation des Programmes iperf (jperf)

Mit iperf steht ein Werkzeug zur Verfügung, welches einerseits ermöglicht, Bandbreitenmessungen vorzunehmen und andererseits die Qualität der Netzwerkverbindung festzustellen. Dazu wird auf der einen Seite der Verbindung der iperf-Server gestartet und auf der Gegenstelle der Client. Standardmäßig lauscht der Server auf Port 5001, dies kann jedoch geändert werden.

Um Bandbreitenmessungen durchzuführen, wird eine TCP-Verbindung aufgebaut. Wie lange und in welchen Abständen gemessen werden soll, ist frei wählbar.

Um die Leitungsqualität zu messen, reicht nicht nur das Absenden eines Ping-Kommandos. Dadurch wird lediglich die Antwortzeit der Gegenstelle (Latenzzeit) ermittelt. Iperf kann durch Versenden und Auswerten von UDP-Paketen sowohl den Jitter, also die Varianz der Latenz, feststellen als auch die Anzahl der verloren gegangenen Pakete. Ist die Menge der nicht ankommenden Pakete zu hoch, würde das indirekt eine Bandbreiteneinschränkung bei TCP-Verbindungen bedeuten, da in diesem Falle Pakete wiederholt gesendet werden müssten.

Auf den Linux-Rechnern in der Testumgebung wird die aktuelle Version 2.0.4 installiert. Eine andere Möglichkeit als den Paketmanager zu verwenden ist die manuelle Installation. Dafür wird das Archiv entpackt, z. B. mittels

```
gunzip -c iperf-2.0.4.tar.gz | tar -xvf -
```

Anschließend wird im entsprechenden Verzeichnis

```
./configure
make
make install
```

aufgerufen. Soll iperf als Server gestartet werden, reicht im einfachsten Fall der Befehl

```
iperf -s
```

Dadurch wird der Server mit den Standardeinstellungen (TCP, Port 5001) aktiv. Möchte man iperf als Client verwenden, so verwenden man statt dem Parameter –s den Parameter –c mit anschließender Angabe der IP-Adresse des Servers.

Für die Windows-Rechner in der Testumgebung wird das Programm jperf benutzt. Dabei handelt es sich um eine GUI-Variante von iperf mit denselben Optionsmöglichkeiten, jedoch mit dem Vorteil, dass die Messergebnisse grafisch dargestellt werden. Die aktuelle Version ist 2.0.2.

4.4 Errichtung der Firewall

Sämtliche Firewall-Regeln werden in ein Skript namens „firewall_on" geschrieben. Dieses Skript wird dann in der Datei `/etc/rc.local` eingetragen, damit das Firewalling schon beim Systemstart aktiv ist. Die Batchdatei wird im Verzeichnis `/etc/init.d/` mittels

```
touch firewall_on
```

erstellt. Im Anschluss daran müssen noch die Zugriffsrechte für die erstellte Datei geändert werden, um sie ausführbar zu machen. Das geschieht mit der Anweisung

```
chmod 755 firewall_on
```

Dies gewährleistet, dass jeder die Datei ausführen und lesen kann. Der Besitzer hat zusätzlich noch Schreibrechte.

Am Beginn der Batch-Datei werden einige Konstanten definiert. Das erleichtert einerseits die Lesbarkeit des Skripts und hat des Weiteren den Vorteil, dass bei Änderungen bezüglich der Schnittstellenbezeichnungen o.ä. die Datei nur an einer Stelle modifiziert werden muss. Insgesamt werden vier Konstanten definiert, drei für die Schnittstellen und eine für die IP-Adresse der DMZ:

```
LAN="br0"
INTERNET="eth0"
DMZ="eth1"
DMZ_IP="192.168.0.2"
```

Anschließend werden eventuell vorhandene Regeln gelöscht:

```
iptables -F
```

Die erste Anforderung an die Firewall ist, dass sämtliche Pakete verworfen werden müssen, die nicht explizit erlaubt sind. Diese Anweisungen sollen die ersten iptables-Befehle im Skript sein:

```
iptables -P INPUT   DROP
iptables -P OUTPUT  DROP
iptables -P FORWARD DROP
```

Durch das Kommando –P werden die Policies für die entsprechenden Ketten geändert. Da keine Tabellen angegeben sind, beziehen sich diese Befehle auf die Filter-Tabelle. Diese drei Zeilen bewirken, dass jedes Paket, unabhängig von Quell- und Zielort, verworfen wird, sofern es keiner Regel in der Kette entspricht.

Der nächste Schritt ist das Gestatten des Loopback-Verkehrs. Die Loopback-Schnittstelle dient dazu, dass ein Client mit einem Server auf demselben Rechner kommunizieren kann. Tatsächlich ist es so, dass ein Blockieren dieser Verbindung am Router in der Testumgebung zu einem Verweigern einiger Programme führte. Das Akzeptieren des Loopbacks erfolgt durch die Eingabe folgender Zeilen:

```
iptables -A INPUT -i lo j- ACCEPT

iptables -A OUTPUT -o lo -j ACCEPT
```

Das Kommando –A (*append*) bewirkt, dass eine neue Regel an die nachfolgend angegebene Kette angehängt wird. Mit der Option -i bzw. -o wird jene Schnittstelle bestimmt, an der die Pakete ein- oder ausgehen dürfen. Naturgemäß ist die Option -i bei der OUTPUT-Kette bzw. -o bei der INPUT-Kette nicht zulässig, da bei diesen beiden Ketten nur der Verkehr in die eine, dem Namen entsprechende Richtung möglich ist. Lediglich in der FORWARD-Kette sind beide Optionen erlaubt. Die Option -j (*jump target*) bestimmt schlussendlich, was mit dem Paket geschehen soll, auf das diese Regel zutrifft. In den meisten Fällen handelt es sich dabei um DROP, das Pakete verwirft, oder wie in diesem Fall, um ACCEPT, welches Pakete annimmt bzw. weiterleitet.

Die nächsten Anforderungen, die die Firewall erfüllen muss, sind das Zulassen des Netzwerkverkehrs vom LAN in das Internet und in die DMZ bzw. von der DMZ ins LAN und in das Internet. Dies wird mit folgenden vier Befehlen realisiert:

```
iptables -A FORWARD -i $LAN -o $INTERNET \
     -m state --state NEW -j ACCEPT
iptables -A FORWARD -i $LAN -o $DMZ \
     -m state --state NEW -j ACCEPT
iptables -A FORWARD -i $DMZ -o $INTERNET \
     -m state --state NEW -j ACCEPT
iptables -A FORWARD -i $DMZ -o $LAN \
     -m state --state NEW -j ACCEPT
```

Wie oben beschrieben, ist in der FORWARD-Kette der Verkehr in beide Richtungen möglich. Hiervon wird bei diesen vier Filterregeln nun Gebrauch gemacht: Es muss sowohl das Input- als auch das Output-Interface übereinstimmen, damit diese Regel wirksam wird. Die Option -m ladet spezielle Erweiterungsmodule nach, in diesem Fall das Modul „state". Mithilfe dieses Moduls ist eine Filterung anhand des Paket-Status durchführbar. Die gebräuchlichsten Status sind:

- NEW: Das Paket gehört zu einer neuen Verbindung
- ESTABLISHED: Das Paket gehört zu einer bestehenden Verbindung
- RELATED: Das Paket beginnt eine neue Verbindung, aber diese Verbindung wird schon erwartet (Beispiel: FTP)
- INVALID: Paket ist ungültig

Für die erste Regel bedeutet das, dass jedes vom LAN kommende Paket, dass eine neue Verbindung erzeugt und dessen Zielort das Internet ist, akzeptiert und weitergeleitet wird. Analog dazu verhält es sich mit den restlichen drei Befehlen. Auf ähnliche Weise wird auch die nächste Anforderung, den Netzwerkverkehr vom Router ausgehend an jedes beliebige Ziel zu erlauben, ermöglicht:

```
iptables -A OUTPUT -m state --state NEW -j ACCEPT
```

Da die Pakete vom eigenen Rechner weggehen, wird nur die OUTPUT-Kette durchlaufen. Einschränkungen bezüglich des ausgehenden Interfaces sind keine angegeben, somit werden alle Pakete, die zu einer neuen Verbindung gehören, akzeptiert.

Ein Problem existiert an dieser Stelle noch: Es ist zwar erlaubt, Pakete zu verschicken, etwaige Antworten werden aber nach wie vor blockiert. Abhilfe schafft hier das Connection Tracking und das oben erläuterte Modul „state". Eingehende Antwortpakete besitzen nun den Status „ESTABLISHED", dadurch ist eine Filterung für sämtliche Ketten möglich. Gleichzeitig sollen auch Pakete mit dem Status „RELATED" erlaubt sein:

```
iptables -A FORWARD -m state --state ESTABLISHED,RELATED \
     -j ACCEPT
iptables -A INPUT -m state --state ESTABLISHED,RELATED \
     -j ACCEPT
iptables -A OUTPUT -m state --state ESTABLISHED,RELATED \
     -j ACCEPT
```

Der nächste Punkt beinhaltet die Weiterleitung bestimmter Pakete (HTTP(S), FTP und SMTP) aus dem Internet in die DMZ. Dafür müssen diese Pakete einmal akzeptiert werden:

```
iptables -A FORWARD -i $INTERNET -p tcp \
     -m multiport --destination-port 21,25,80,443 \
     -m state --state NEW -j ACCEPT
```

Neu ist hier die Option –p zusammen mit der Erweiterung „multiport". Diese Regel sagt aus, dass alle neuen TCP-Pakete angenommen werden sollen, die aus dem Internet kommen und mit dem angegebenen Zielport übereinstimmen. Nach der Akzeptanz der Pakete müssen diese nun in die DMZ umgeleitet werden:

```
iptables -t nat -A PREROUTING -i $INTERNET -p tcp \
     -m multiport --destination-port 21,25,80,443 \
     -j DNAT --to-destination $DMZ_IP
```

Vor dem eigentlichen Routing müssen diese Pakete in der PREROUTING-Kette der NAT-Tabelle derart bearbeitet werden, indem die Ziel-IP-Adresse auf die Adresse der DMZ geändert wird. Die NAT-Tabelle muss hier explizit angegeben werden, ebenso das Sprungziel DNAT mit der entsprechenden IP-Adresse.

Um eine Fernwartung des Routers von überall aus zu ermöglichen, müssen sämtliche SSH-Verbindungen erlaubt werden. „Von überall" beinhaltet auch den Zugang aus dem Internet, ein dementsprechend sicheres Passwort ist daher unabkömmlich, um Angriffe aus diesem Bereich zu erschweren. Der SSH-Server lauscht auf Port 22, daher muss der INPUT-Kette folgende Regel hinzugefügt werden:

```
iptables -A INPUT -t tcp --dport 22 -m state --state NEW \
     -j ACCEPT
```

Der nächste Punkt des Anforderungskatalogs betrifft sämtliche SSH-Anfragen vom Router zur DMZ, mit der Einschränkung, dass diese Anfragen nur dem Benutzer "root" gestattet sein dürfen. Weiter oben wurde jedoch schon jegliche Netzwerkverkehr, der vom Router ausgeht, erlaubt. Sollte jetzt ein anderer Benutzer mittels SSH auf den Rechner in der DMZ zugreifen wollen, so wäre ihm das erlaubt. Benötigt wird daher eine Regel, die sämtliche SSH-Pakete, deren Ziel die DMZ ist und vom Router ausgehen, verwirft, sofern sie nicht vom Administrator verschickt wurden. Diese Regel muss in der Kette oberhalb jener Direktive stehen, die den ausgehenden Verkehr vom Router erlaubt. Sie hat folgende Gestalt:

```
iptables -A OUTPUT -o $DMZ -p tcp --dport 22 \
     -m owner ! --uid-owner root -m state --state new -j DROP
```

Der letzte zu erfüllende Punkt - abgesehen von den weiteren Schutzmaßnahmen - ist die Protokollierung jener Anfragen aus dem Internet, die nicht für die Weiterleitung in die DMZ bestimmt sind. Eine spezielle Filterung der Ports ist bei dieser Regel nicht notwendig, da bei erlaubten Paketen diese schon in die DMZ umgeleitet wurden und danach keine weitere Regel mehr abgearbeitet wird. Somit lautet die Regel:

```
iptables -A INPUT -i $INTERNET -m state --state NEW \
     -j LOG --log-prefix "ANFRAGE: "
```

Das Sprungziel LOG protokolliert sämtliche unerwünschte Anfragen in der Datei `/var/log/syslog`. Mithilfe eines optionalen Präfixes hat man im späteren Verlauf die Möglichkeit, in den Logdateien gezielt nach diesen Netzwerkpaketen zu suchen, etwa mit:

```
grep -i ANFRAGE /log/var/*
```

Die Wildcard * wurde deshalb gewählt, weil durch das Log-Rotating ältere Einträge von der Datei `/var/log/syslog` in andere Dateien in demselben Verzeichnis verschoben werden und somit bei der Suche in dieser speziellen Datei nicht mehr auffindbar wären.

Eine Vielzahl an Schutzmaßnahmen sind im /proc-Dateisystem aktivierbar. Einige Möglichkeiten davon sind:

```
echo 0 > /proc/sys/net/ipv4/conf/all/accept_source_route
echo 0 > /proc/sys/net/ipv4/conf/all/accept_redirects
echo 1 > /proc/sys/net/ipv4/conf/all/send_redirects
echo 1 > /proc/sys/net/ipv4/icmp_echo_ignore_broadcasts
echo 0 > /proc/sys/net/ipv4/tcp_syncookies
```

Da es sich bei diesen Werten um Default-Werte handelt, werden sie nicht explizit in das Firewall-Skript eingetragen. Sämtliche mögliche Optionen sind in der Datei `/usr/src/linux/Documentation/networking/ip-sysctl.txt` beschrieben.

Nicht im Anforderungskatalog, aber trotzdem wichtig sind noch zwei Einträge im Skript. Der erste betrifft das Masquerading, welches in Kapitel 2.2 behandelt wurde. Realisiert wird es mit der Zeile:

```
iptables -t nat -A POSTROUTING -o $INTERNET -j MASQUERADE
```

Hier ist wieder eine explizite Angabe der Tabelle notwendig.

Der zweite Befehl behandelt das Clamping. Dabei wird die Maximum Segment Size (MSS) auf einen Wert gesetzt, der um 40 Byte kleiner als die Path Maximum Transfer Unit (PMTU) ist. Bei der PMTU handelt es sich um die maximale Größe, die ein TCP-Segment haben kann, ohne dass es auf dem Weg vom Sender zum Empfänger einer Fragmentierung bedarf. Die MSS beschreibt die Größe des TCP-Segments ohne IP- und TCP-Header, mit anderen Worten die reinen Nutzdaten, welche aus der Applikationsschicht generiert werden. Dies erklärt auch die Differenz von 40 Byte, welche der Größe beider Header entspricht. Sollten die Segmente auf dem Weg zum Empfänger fragmentiert werden und ist dessen Server so konfiguriert, dass er fragmentierte Segmente ablehnt, dann ist Clamping die einzige Möglichkeit, um mit diesem Server kommunizieren zu können. Folgende Regel passt die Segmente entsprechend an:

```
iptables -I FORWARD -p tcp --tcp-flags SYN,RST SYN \
     -j TCPMSS --clamp-mss-to-pmtu
```

Mit diesem Befehl ist das Firewall-Skript nun vollständig. Wie schon am Anfang des Kapitels bemerkt wurde, soll es in die Datei `/etc/rc.local` eingetragen werden, um nach dem Systemstart aktiv zu sein. Der letzte Schritt besteht darin, in dieser Datei nach der Firewall-Aktivierung folgende Zeile einzufügen:

```
echo 1 > /proc/sys/net/ipv4/ip_forward
```

Damit wird das Routing eingeschalten, idealerweise nachdem die Firewall ihren Dienst versieht, sodass auch beim Systemstart kein Zeitfenster entsteht, indem unerwünschter Traffic möglich ist.

Das komplette Firewall-Skript ist in Anhang A ersichtlich.

4.5 Erstellung der QDiscs für sämtliche Schnittstellen

In diesem Kapitel wird die Batch-Datei qdisc_on erstellt, die für die Queueing Disciplines zuständig ist. Es unterteilt sich in drei Sektionen:

- Konfiguration der Schnittstelle eth0
- Konfiguration der Schnittstelle eth1
- Konfiguration der Schnittstellen eth2 und eth4 (beide ident)

Auch dieses Skript wird danach in die Datei `/etc/rc.local` eingefügt, um nach dem Hochfahren des Rechners verfügbar zu sein. Anhang B beinhaltet die vollständige Batch-Datei.

4.5.1 Schnittstelle eth0: Die Entlastung der Modem-Warteschlange

Bei diesem Interface ist keine hierarchisch gestaltete Bandbreitenzuordnung vonnöten. Die primäre Aufgabe besteht viel mehr darin, den ausgehenden Datenverkehr auf solche Art zu drosseln, dass die Warteschlange des nachfolgenden Modems leer bleibt. Dies wird dadurch erfüllt, dass die Datenmenge, die die Netzwerkschnittstelle verlässt, nicht größer ist als der vom Provider zugestandene Upstream. Dazu eignet sich ein TBF, der an die Schnittstelle eth0 angehängt wird:

```
tc qdisc add dev eth0 root handle 1: tbf rate 4000kbit \
    latency 50ms burst 1540
```

Dabei haben die Elemente dieser Anweisung einzeln betrachtet folgende Bedeutung:

- `tc`: Dieser Befehl steht für „Traffic Control" und ist ein an erster Stelle stehender Bestandteil jeder QDisc-Anweisung, egal ob es sich um Classless- oder Classful QDiscs, Klassen oder Filter handelt.
- `qdisc add`: Dieser Teil sagt aus, dass eine QDisc hinzugefügt wird.
- `dev eth0`: Das ist jene Schnittstelle, auf die sich der Befehl bezieht. Auch dieser Teil muss in jeder tc-Anweisung vorhanden sein.
- `root`: Damit wird jene QDisc gekennzeichnet, die den ausgehenden Traffic annimmt um ihn in weiterer Folge den hierarchisch untergeordneten Klassen und QDiscs entsprechend weiterzureichen. Die untergeordneten Elemente haben an dieser Stelle die Bezeichnung ihrer Elternklasse bzw. -QDisc.
- `handle 1:` : Dabei handelt es sich um den „Namen" der QDisc. Jede QDisc und jede Klasse benötigt so einen Bezeichner, damit sich Kindklassen oder Filter darauf beziehen können. Dieser Bezeichner besteht aus einer Major- und einer Minornummer, getrennt durch einen Doppelpunkt. QDiscs haben immer eine Minornummer mit dem Wert 0, dessen Angabe auch entfallen kann.

Bis zu dieser Stelle haben die Elemente der oben angeführten Anweisung für alle Arten von QDiscs die gleiche Struktur. Die nachfolgenden Bestandteile des Befehls hingegen sind QDisc-spezifisch, d.h. ein TBF hat andere Optionen als etwa eine SFQ.

- `tbf`: An dieser Stelle wird bestimmt, welche Art von Filter diese QDisc oder Klasse repräsentiert.
- `rate 4000kbit`: Dies gibt den Wert pro Sekunde an, mit der die Daten letztendlich die Schnittstelle verlassen.
- `latency 50ms`: Hiermit wird spezifiziert, wie lange ein Paket im TBF maximal verweilen darf.

- `burst 1540`: Dieser Parameter bestimmt die Größe des Buckets in Byte. Da bei einer neuen Verbindung alle Token vorhanden sind, entspricht dies einem bandbreitenunabhängigen Upstream der ersten 1540 Byte.

Kurzum, an eth0 befindet sich eine QDisc, die den Upstream-Verkehr auf 4000 kbit/s begrenzt, aber trotzdem einen kurzfristigen Burst erlaubt.

Um eine faire Behandlung aller Verbindungen zu forcieren, wird der inneren Klasse des eben erstellten TBF eine SFQ zugeordnet:

```
tc qdisc add dev eth0 parent 1: handle 10: sfq perturb 10
```

Diese QDisc ist dem TBF untergeordnet, erkennbar an dem parent-Parameter. Die Bedingungen für die Bezeichnung der SQF sind: Die Minor-Nummer muss 0 betragen, da es sich um eine QDisc handelt und die Major-Nummer muss ungleich der schon vorhandenen sein. Der Parameter `perturb` stellt letztendlich sicher, dass der Hash-Algorithmus alle zehn Sekunden gewechselt wird, um die Fairness zu erhöhen.

4.5.2 Schnittstelle eth1: Der Intra-/Internet-Server in der DMZ

Basis für diesen Teil des QDisc-Skripts bildet Abbildung 15a. Die Kinder der Klasse 1:121 werden in diesem Kapitel jedoch nicht behandelt, da sie sich analog zu denen der Klasse 1:122 verhalten. Hier wird noch einmal auf die vollständige Batch-Datei in Anhang B verwiesen.

Ein Hierarchical Token Bucket soll als QDisc für diese Schnittstelle dienen:

```
tc qdisc add dev eth1 root handle 1: htb r2q 150 default 1225
```

Der erste Teil dieser Zeile bis einschließlich dem Bezeichner `handle 1:` ist - bis auf die Schnittstellenbezeichnung - äquivalent zu der QDisc in Kapitel 4.5.1. Danach folgt die Angabe, um welche QDisc es sich handelt, in diesem Fall `htb`. Diese Angabe muss auch in jeder darunter liegenden Klasse erfolgen. So gut wie unkommentiert ist der nachfolgende Parameter `r2q`. Selbst die hierfür zuständige Manual Page erwähnt diese Option mit keinem Wort. Tatsache ist, dass auf der Konsole eine Warnung ausgegeben wird, sobald in einer der hierarchisch untergeordneten Klassen eine Bandbreite als zu klein oder zu groß angesehen wird. Durch Verändern dieses Wertes kann man die Anzahl der Warnungen verringern oder gar eliminieren. Nichtsdestotrotz zeigte die QDisc auch bei Weglassen dieser Option keine nachteiligen Veränderungen bei der Bandbreitenzuordnung. Mittels der `default`-Option wird dem Netzwerkverkehr, für den in späterer Folge kein Filter zugewiesen wird, eine Klasse zugeordnet. Der angegebene Wert, in diesem Fall 1225, bezeichnet die Minor-Nummer der zuzuordnenden Klasse.

Der QDisc direkt untergeordnet ist die Klasse 1:1. Sie soll eine Bandbreite von 1000 Mbit/s garantieren:

```
tc class add dev eth1 parent 1: classid 1:1 htb rate 1000mbit
```

Mit dem Parameter `parent` wird auf die entsprechende Elternklasse oder -QDisc referenziert. Der Bezeichner wird bei den Klassen, anders als bei den QDiscs, mittels `classid` angegeben. Letztendlich wird mit `rate` bestimmt, welche Bandbreite diese Klasse zu garantieren hat.

Der nächste Schritt ist die Erstellung der beiden Klassen 1:11 und 1:12, welche sich hierarchisch gesehen auf gleicher Höhe unter der Klasse 1:1 befinden:

```
tc class add dev eth1 parent 1:1 classid 1:11 \
     htb rate 2mbit ceil 1000mbit
tc class add dev eth1 parent 1:1 classid 1:12 \
     htb rate 998mbit ceil 1000mbit
```

Dass es sich dabei um die Kindklassen von 1:11 handelt, erkennt man wieder am `parent`-Parameter. Neu hinzugekommen ist lediglich die Option `ceil`, die aussagt, bis zu welchem Limit Bandbreite ausgeborgt werden darf, falls ungenutzte zur Verfügung steht. Lässt man diese Option weg, so ist kein Borrowing möglich.

Die Klasse 1:12 unterteilt sich nun in die beiden Klassen 1:121 und 1:122. Bei der Zuteilung der Bandbreiten muss darauf geachtet werden, dass diese in Summe nicht jener der Klasse 1:12 überschreiten:

```
tc class add dev eth1 parent 1:12 classid 1:121 \
     htb rate 24mbit
tc class add dev eth1 parent 1:12 classid 1:122 \
     htb rate 974mbit ceil 1000mbit
```

Durch Weglassen des `ceil`-Parameters bei der Klasse 1:121 wird man der Anforderung gerecht, dass eine Entlehnung über 24 Mbit/s hinaus nicht möglich sein darf. Der Klasse 1:122 ist dies jedoch gestattet.

Im nächsten Schritt soll die Klasse 1:122 fünf Kindklassen erhalten, wobei ein Borrowing bis zur maximal möglichen Bandbreite erlaubt sein soll:

```
tc class add dev eth1 parent 1:122 classid 1:1221 \
     htb rate 15mbit ceil 1000mbit
tc class add dev eth1 parent 1:122 classid 1:1222 \
     htb rate 5mbit ceil 1000mbit
tc class add dev eth1 parent 1:122 classid 1:1223 \
     htb rate 60mbit ceil 1000mbit
tc class add dev eth1 parent 1:122 classid 1:1224 \
     htb rate 10mbit ceil 1000mbit
tc class add dev eth1 parent 1:122 classid 1:1225 \
     htb rate 10mbit ceil 1000mbit
```

Nachdem alle Klassen erstellt wurden, müssen den Leaf-Klassen noch die abschließenden QDiscs auf folgende Weise zugeordnet werden:

```
tc qdisc add dev eth1 parent 1:11 handle 11: sfq perturb 10
tc qdisc add dev eth1 parent 1:1221 handle 1221: \
     sfq perturb 10
tc qdisc add dev eth1 parent 1:1222 handle 1222: \
     sfq perturb 10
```

```
tc qdisc add dev eth1 parent 1:1223 handle 1223: \
     sfq perturb 10
tc qdisc add dev eth1 parent 1:1224 handle 1224: \
     sfq perturb 10
tc qdisc add dev eth1 parent 1:1225 handle 1225: \
     sfq perturb 10
```

Wie schon bei der Schnittstelle eth0 handelt es sich dabei um Classless QDiscs, speziell um SFQ's, deren Hash-Algorithmus alle zehn Sekunden geändert wird.

Der letzte Schritt ist die Klassifizierung des Netzwerkverkehrs und die Zuordnung zu einer entsprechenden Klasse. Laut Anforderungskatalog soll dies mit einem fw-Filter durchgeführt werden. Da dieser Filter speziell markierte Pakete benötigt, muss das Firewall-Skript etwas modifiziert werden. Dort müssen Markierungen für die Ports 20, 21, 25, 80 und 443 vorgenommen werden, jeweils unterschiedliche für den Traffic aus dem Internet und dem LAN. Eine zusätzliche Kennzeichnung ist noch für den SSH-Verkehr, der vom Router ausgeht, notwendig. Eine mögliche Variante ist, als Kennzeichnung die jeweilige Port-Nummer zu verwenden. Da die Port-Nummern aber doppelt vorkommen (Internet und LAN) wird diese Art der Kennzeichnung nur für die Pakete aus dem Internet und den vom Router ausgehenden SSH-Traffic verwendet:

```
for i in 20 21 25 80 443; do
     iptables -t mangle -A PREROUTING -i $INTERNET \
     -p tcp --dport $i -j MARK --set-mark $i
done

iptables -t mangle -A OUTPUT -p tcp --dport 22 \
     -j MARK --set-mark 22
```

Den Paketen aus dem LAN wird für die Markierung zu dem Wert der Port-Nummer noch der Wert 100000 addiert. Ein HTTP-Paket aus dem LAN hätte so die Markierung „100080". Damit wird leicht ersichtlich, um welches Paket es sich handelt. Auch eine Verwechslung mit Paketen aus dem Internet kann nie vorkommen, da die Markierungen erst ab 100001 beginnen, die Port-Nummern (bzw. Markierungsnummern für Pakete aus dem Internet) aber nie größer als 65535 sein können:

```
for i in 20 21 22 25 80 443; do
     let j=100000+$i
     iptables -t mangle -A PREROUTING -i $LAN \
          -p tcp --dport $i -j MARK --set-mark $j
done
```

Mit den so markierten Paketen kann nun die Filterung vorgenommen werden. Der entsprechende Befehl sieht für Pakete aus dem Internet, die für Port 80 des Rechners in der DMZ bestimmt sind, folgendermaßen aus:

```
tc filter add dev eth1 protocol ip parent 1: handle 80 \
     fw flowid 1:1211
```

Der `handle`-Parameter wird dabei mit der Paketmarkierung verglichen und bei Übereinstimmung wird das Paket dann jener Klasse zugeordnet, die mittels `flowid` bestimmt wird. Die Struktur für die restlichen Filter sieht genauso aus, angepasst werden müssen nur der `handle`- und der `flowid`-Parameter. Sollte ein Rechner im LAN ein Paket mit dem Zielport 8080 in die DMZ schicken wollen, so würde dieses Paket nicht markiert werden. In weiterer Folge greift auch keine der Filteregeln und das Paket würde der Klasse 1:1225 zugeordnet werden. Das ist die Konsequenz des `default`-Parameters bei der Erstellung der Root-QDisc.

4.5.3 Schnittstelle eth2 und eth4: Die Clients im LAN

Das Grundprinzip dieser beiden Schnittstellen ist dasselbe wie beim Interface eth1: Eine HTB-QDisc, deren Leaf-Klassen mit klassenlosen SFQ-QDiscs abgeschlossen werden. Einzig die Struktur ist ein wenig anders aufgebaut. Aus Abbildung 13b ist ersichtlich, dass zwischen jenen Klassen, die den Internet- und DMZ-Traffic trennen (1:12 und 1:13) und der obersten Klasse in der Hierarchie (1:1) nun keine weitere Klasse mehr eingefügt ist. Beide Klassen liegen jetzt hierarchisch gesehen auf einer Ebene mit der Klasse 1:11, die für den SSH-Verkehr vom Router ins LAN zuständig ist. Der Anforderungskatalog schreibt jedoch vor, dass für diese Schnittstellen statt dem fw-Filter nun ein u32-Filter angewandt werden muss. Da dieser keine markierten Pakete benötigt, ist auch kein Eingriff im Firewall-Skript notwendig. Stellvertretend für beide Schnittstellen werden in diesem Kapitel nur die Filter für das Interface eth2 erstellt. Für die Schnittstelle eth4 gelten dieselben Regeln.

Zuerst wird die Filterregel erstellt, welche jene (Antwort-)Pakete mit dem Zielport 80 (HTTP) klassifizieren soll, die aus dem Internet kommen und für den Rechner aus dem LAN bestimmt sind:

```
tc filter add dev eth2 protocol ip parent 1: u32 \
     match ip dport 80 0xffff flowid 1:131
```

Der Teil vor dem Classifier (`u32`) ist ident mit dem vom fw-Filter (abgesehen vom fehlenden `handle`-Parameter, der aufgrund nicht benötigter Markierungen hier irrelevant ist). Ebenso existiert auch hier der Parameter `flowid`, der aussagt, welcher Klasse das Paket zugeordnet wird, das der Filterregel entspricht. Die eigentliche Verifizierung des Paketes erfolgt ab dem Parameter `match`. Der Filter ordnet all jene Pakete, deren IP-Zielport 80 ist, der Klasse 1:131 zu. Der Ausdruck `0xffff` ist eine Maske, die verwendet wird, um zu spezifizieren, welche Bits des 16 Bit breiten Zielport-Feldes (Abbildung 11: TCP Header) [14]relevant sind. In diesem Fall sind alle von Bedeutung. Maskierungen können u.a. auch verwendet werden, um Port-Bereiche festzulegen. Legt man etwa die Maske `0xfff0` über das Zielport-Feld bei gleichzeitiger Verwendung des von „`match ip dport 80`“, so reagiert der Filter bei allen ankommenden Paketen aus dem Internet mit dem Zielport 80 bis 95. Tabelle 5 versucht dies zu veranschaulichen.

	dezimal	binär	hexadezimal
Port	80-95	0000 0000 0101 XXXX	0x0050 - 0x005F
Maske	65520	1111 1111 1111 0000	0xFFF0
AND	80	0000 0000 0101 0000	0x0050

Tabelle 5: Maskierung des Destination Ports

Dank der vorgefertigten Abkürzungen für häufig gebrauchte Felder ist die Verwendung des u32-Filters relativ unkompliziert. Gäbe es diese nicht, würde dieselbe Filter-Anweisung folgendermaßen aussehen:

```
tc filter add dev eth2 protocol ip parent 1: u32 \
     match u16 80 0xffff at nexthdr+2 flowid 1:131
```

Relevant ist hier wieder der Bereich nach dem u32-Classifier. Mittels `u16` wird ein 16 Bit breites Feld untersucht, ob dessen unmaskierter (`0xffff`) Inhalt dem Wert 80 entspricht. Welches Feld in welchem Header gemeint ist, wird mit `at nexthdr+2` angegeben, wobei `nexthdr` auf das dem IP-Protokoll darüberliegende Protokoll - in diesem Fall TCP - verweist. Mit `+2` wird dort der Offset um 2 Byte verschoben. Im Endeffekt wird getestet, ob der Wert des 16 Bit breiten Feldes im TCP-Header, beginnend bei Bit-Position 16 (dies entspricht genau dem Destination Port-Feld), dem Wert 80 entspricht. Obwohl der Befehl durch diese Syntax nicht umfangreicher geworden ist, so ist die erste Variante sicher leichter lesbar. Im weiteren Verlauf der Skripterstellung wird auf die zweite Variante verzichtet.

Drei Filterregeln gehören noch eingefügt, um die Klassifizierung des Traffics aus dem Internet zu vervollständigen:

```
tc filter add dev eth2 protocol ip parent 1: u32 \
     match ip dport 443 0xffff flowid 1:132
tc filter add dev eth2 protocol ip parent 1: u32 \
     match ip dport 20 0xffff flowid 1:133
tc filter add dev eth2 protocol ip parent 1: u32 \
     match ip dport 21 0xffff flowid 1:133
```

An den letzten beiden Zeilen erkennt man, dass unterschiedliche Filterregeln auf dieselbe Klasse verweisen dürfen. Die nächste Regel ordnet den SSH-Verkehr ins LAN der Klasse 1:11 zu:

```
tc filter add dev eth2 protocol ip parent 1: u32 \
     match ip dport 22 0xffff flowid 1:11
```

Offen sind jetzt noch jene Pakete, die die DMZ verlassen und für die Rechner im LAN vorgesehen sind. Zur Unterscheidung dieser Pakete und jenen aus dem Internet muss hier zusätzlich die Source-IP-Adresse der Pakete untersucht werden. Hier ist auch die zusätzliche Angabe einer Subnetzmaske erlaubt:

```
tc filter add dev eth2 protocol ip parent 1: u32 \
     match ip dport 80 0xffff \
     match ip src 192.168.0.0/24 \
     flowid 1:121
tc filter add dev eth2 protocol ip parent 1: u32 \
     match ip dport 443 0xffff \
     match ip src 192.168.0.0/24 \
     flowid 1:122
```

```
tc filter add dev eth2 protocol ip parent 1: u32 \
     match ip dport 20 0xffff \
     match ip src 192.168.0.0/24 \
     flowid 1:123
tc filter add dev eth2 protocol ip parent 1: u32 \
     match ip dport 21 0xffff \
     match ip src 192.168.0.0/24 \
     flowid 1:123
```

Wichtig dabei ist, dass die letzten vier Filterregeln auch tatsächlich nach den davor beschriebenen im Skript stehen. Anders als bei den iptables-Befehlen in der Firewall (dort wird die Kette verlassen, sobald eine Übereinstimmung stattfindet) werden sämtliche Filter bis zum Schluss durchlaufen. Gültig ist dann der letzte Filter in der Batch-Datei, der das Paket klassifizieren konnte.

4.6 Messungen

In diesem Kapitel werden Bandbreitenmessungen mit dem Programm iperf bzw. jperf durchgeführt. Dabei wird im Kapitel 4.6.1 auf die Eigenschaften der QDiscs ohne die Möglichkeit einer Bandbreitenentlehnung eingegangen. Das darauffolgende Kapitel 4.6.2 schließt diesen Fall dann mit ein.

4.6.1 Messungen ohne Bandbreitenentlehnung

Das in Kapitel 4.5 erstellte QDisc-Skript bildet die Grundlage für die nun folgenden Messungen. Um diese ohne die Möglichkeit einer Bandbreitenentlehnung durchführen zu können, werden sämtliche ceil-Parameter auskommentiert. Bei der ersten Messung wird die Schnittstelle eth0 betrachtet, die für den Upstream zum Modem und in weiterer Folge in das Internet zuständig ist. Dafür werden an dem Rechner, der an dem Interface eth0 angeschlossen ist, drei Instanzen des Programmes iperf mit der Funktion als Server gestartet. Die Wahl fällt hierbei auf die Zielports 21, 80 und 443. Anschließend werden die jperf-Clients auf einem Rechner im LAN-Netzwerk sequentiell in einem Abstand von zehn Sekunden aktiviert. Das Resultat der Messung ist in Abbildung 16 ersichtlich.

Bis zum Zeitpunkt t=10 werden nur Pakete mit dem Zielport 21 in Richtung Internet befördert. Die durchschnittliche Bandbreite bis zu diesem Zeitpunkt beträgt 3821 kbit/s. Im Zeitraum von t=10 bis t=20 verlassen zusätzlich noch Pakete mit Port 80 als Ziel die Schnittstelle eth0. Die theoretisch zur Verfügung stehende Gesamtbandbreite wird nun um Verhältnis 1:1 aufgeteilt. Tatsächlich betrug das Verhältnis 1953 kbit/s : 1901 kbit/s. Durch die geringe Anzahl von zehn Messpunkten kann aber davon ausgegangen werden, dass die Bandbreite gerecht aufgeteilt wird. Schlussendlich werden ab dem Zeitpunkt t=20 noch Pakete mit dem Zielport 443 dem ausgehenden Traffic hinzugefügt. Daraus resultiert, dass die gesamte Bandbreite von 4000 kbit/s fair aufgeteilt wird. Die Messwerte ergaben ein Verhältnis von 1265 : 1358 : 1278 kbit/s. Etwas verfälscht wurde das Ergebnis dadurch, dass beim letzten Messpunkt keine Pakete mit dem Zielport 21 verschickt wurden; das ist auch an der steigenden Tendenz des Traffics mit Zielport 80 in der letzten Sekunde ersichtlich.

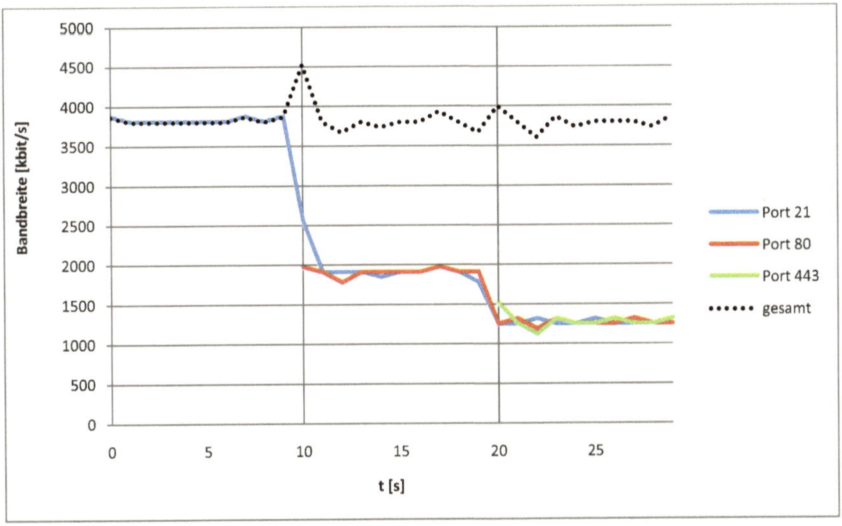

Abbildung 16: Upstream in das Internet

Die zweite Messung betrifft den Downstream des LAN-Rechners (Schnittstelle eth4) für Pakete aus der DMZ. Dafür werden je fünf Instanzen des Programmes jperf sowohl auf einem Rechner im LAN als auch auf dem Computer in der DMZ gestartet. Die Instanzen auf dem LAN-Rechner dienen dabei als Server, jene am Rechner in der DMZ als Clients. Sobald die Server aktiv sind und auf den entsprechenden Ports lauschen, werden auf dem in der DMZ befindlichen Rechner im Abstand von zehn Sekunden die Clients in folgender Reihenfolge gestartet:

1. Destination Port 20 (FTP)
2. Destination Port 21 (FTP)
3. Destination Port 80 (HTTP)
4. Destination Port 443 (HTTPS)
5. Destination Port 125 (dieser Port wird in den Filterregeln der QDisc nicht klassifiziert und wird daher der Default-Klasse 1:124 zugeordnet)

Abbildung 17 zeigt die Ergebnisse in grafischer Form, Tabelle 6 listet einerseits die vom Anforderungskatalog gewünschten Sollwerte, andererseits die Minimal-, Maximal- und Durchschnittswerte der Messungen auf.

Lässt man die beiden Ports 20 und 21 außer Acht, so erkennt man, dass die gemessenen Durchschnittswerte etwa 4% unter dem geforderten Wert liegen. Diese Differenz kann das Resultat unterschiedlicher Ursachen sein: keine ideale Leitungsqualität, Qualität der Netzwerkkomponenten und ähnliches. Ebenso liefert das Programm jperf keine absolut richtigen Ergebnisse. Die Durchschnittswerte, die der jperf-Client als Ergebnis lieferte, unterschieden sich in geringem Maße von denen des Servers.

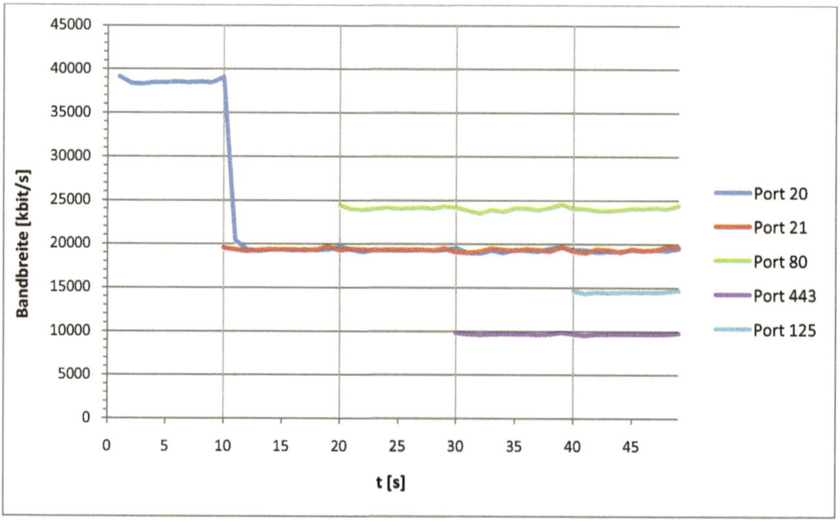

Abbildung 17: Messergebnisse des Upstreams von der DMZ ins LAN

	Sollwert	Minimalwert der Messung	Maximalwert der Messung	Durchschnittswert der Messung	Abweichung des Ø-Wertes vom Sollwert
Port 20	40000 kbit/s	18809 kbit/s	38994 kbit/s	23031 kbit/s	---
Port 21	40000 kbit/s	18874 kbit/s	19530 kbit/s	19181 kbit/s	---
Port 80	25000 kbit/s	23331 kbit/s	24314 kbit/s	23844 kbit/s	- 4,62 %
Port 443	10000 kbit/s	9437 kbit/s	9765 kbit/s	9565 kbit/s	- 4,35 %
Port 125	15000 kbit/s	14221 kbit/s	14549 kbit/s	14359 kbit/s	- 4,27 %

Tabelle 6: Eckdaten der Messergebnisse des Upstreams von der DMZ ins LAN

Durch das Unterbinden der Entlehnung bleiben die im Skript definierten Bandbreiten für Pakete mit dem Zielport 80, 443 und 125 beinahe konstant. Pakete mit Zielport 20 und 21 bilden jedoch eine Ausnahme. Bis zum Zeitpunkt t=10 besitzen die Pakete mit dem Zielport 20 die ihnen zugesicherte Bandbreite von knapp 40 Mbit/s. Ab dem Zeitpunkt t=10 verlassen jedoch auch solche Pakete die Schnittstelle eth1, deren Zielport 21 ist. Der Wert der Bandbreite für Pakete mit Zielport 20 bricht auf die Hälfte ein, d.h. Pakete für Zielport 20 und 21 bekommen je die Hälfte der zugesicherten Bandbreite. Der Grund liegt darin, dass der Filter der QDisc beide Arten von Paketen der selben Klasse zuordnet. Diese Klasse (1:123) garantiert eine Gesamtbandbreite von 40 Mbit/s für beide Zielports. Die Messung zeigt, dass bei einer Zuordnung verschiedener Paketarten auf eine Klasse die garantierte Bandbreite gerecht - in diesem Fall von zwei verschiedenen Paketarten 1:1 - aufgeteilt wird.

Der nächste Schritt ist die Bandbreitenmessung jenes Traffics, der aus dem Internet kommt und für den Rechner im LAN bestimmt ist. Dazu sind zwei temporäre Modifikationen der Firewall-Batchdatei notwendig. Die erste Änderung betrifft die Konstante `DMZ_IP`, welche nun die IP-Adresse des LAN-Rechners beinhalten soll, der an der Messung teilnimmt. Nach diesem Schritt muss in dem Teil des Skripts, in dem das DNAT vollzogen wird, zusätzlich zu den vier eingetragenen Portnummern der Port 20 eingetragen werden. Nach dem Starten der vier Server-Instanzen auf dem LAN-Rechner wird auf den vier Konsolen tty1 bis tty4 des Linux-Rechners, der das Internet repräsentiert (angeschlossen an Interface eth0), das Programm iperf als Client gestartet. Eine weitere Randbedingung für diese Messung ist, dass der oben beschriebene Datenverkehr von der DMZ in das LAN-Netzwerk aufrechterhalten bleibt. Das Ergebnis der Messung ist in Abbildung 18 ersichtlich.

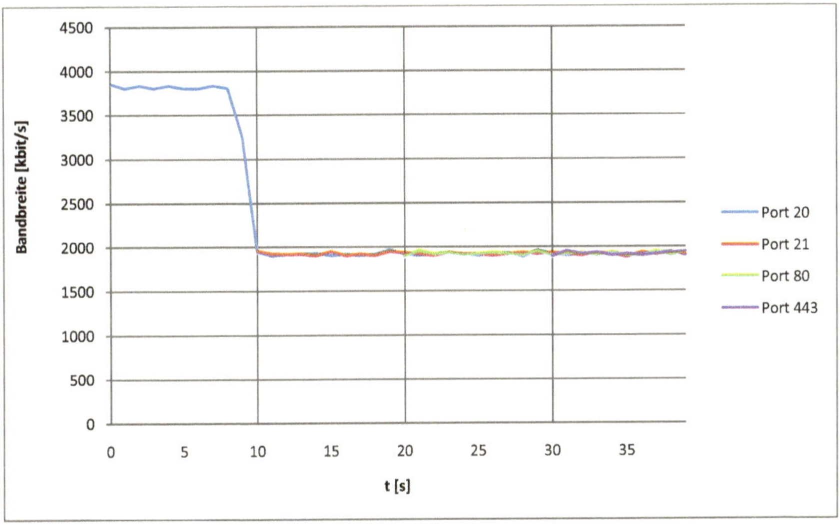

Abbildung 18: Messergebnisse des Upstreams vom Internet ins LAN

Wie schon bei der ersten Messung zeigt sich hier, dass sich die beiden Paketarten mit den Ports 20 und 21 die Bandbreite, die von der gemeinsam genutzten Klasse zur Verfügung gestellt wird, teilen müssen. Die restlichen Pakete, die exklusiv einer Klasse zugeordnet sind, erhalten jederzeit die Bandbreite, die versprochen wird.

Im letzten Schritt, der den Upstream ins LAN betrifft, wird zu dem Netzwerkverkehr aus den bisherigen Messungen noch zusätzlich ein SSH-Traffic vom Router ausgehend erzeugt. Auch dieser Netzwerkverkehr erhält mit 1930 kBit/s beinahe seine versprochene Bandbreite, während bei dem anderen Traffic keine Veränderungen bemerkbar waren. Anzumerken ist an dieser Stelle noch, dass bei der ersten Messung als LAN-Rechner jener auf der Schnittstelle eth4 und bei der Messung aus dem Internet und dem SSH-Verkehr der LAN-Rechner auf Schnittstelle eth2 als Server fungierten. Eine direkte Messung vom Router zu einem der LAN-Rechner mit deaktiviertem QDisc-Skript ergab eine Bandbreite von 91 Mbit/s, das entspricht einem Minus von 9%. Ein noch drastischeres Ergebnis lieferte eine Messung zwischen Router und DMZ-Rechner, die beide ein 1Gbit/s-Interface besitzen: 670 Mbit/s Bandbreite war das Ergebnis der iperf-Messung.

Die bisherigen Messungen behandelten den Upstream von den LAN-Interfaces eth2 und eth4 zu dem daran angeschlossenen Rechner (mit Ausnahme der ersten Messung, die sich mit dem Upstream in das Internet befasste). Die Struktur der QDisc für die DMZ-Schnittstelle eth1 ist ähnlich der, die für die LAN-Interfaces verantwortlich ist. Tatsächlich zeigten Messungen in diesem Bereich ein gleiches Verhalten mit denselben Toleranzen.

4.6.2 Messungen mit der Möglichkeit einer Bandbreitenentlehnung

Die Auskommentierungen in der QDisc-Batchdatei werden nun wieder rückgängig gemacht, um das Verhalten der QDisc zu erforschen, wenn ein Borrowing erlaubt ist. Die Schnittstelle eth0 benötigt in diesem Kapitel keine Beachtung, da es sich bei deren QDisc um einen klassenlosen TBF handelt, mit dem kein Borrowing realisiert werden kann. Aufgrund der ähnlichen Struktur der QDiscs für LAN und DMZ wird diesmal nur jene betrachtet, die für den Upstream in die DMZ zuständig ist.

Die nun folgende Messung behandelt jenen Netzwerkverkehr, der das LAN verlässt und dessen Ziel der Rechner in der DMZ ist. Dafür werden sechs Instanzen des Programms jperf am Rechner in der DMZ benötigt, wo sie die Funktion als Server einnehmen. Die dazugehörigen Clients werden auf einem LAN-Rechner, wieder im Abstand von zehn Sekunden, in folgender Reihenfolge gestartet:

1. Destination Port 20 (FTP)
2. Destination Port 21 (FTP)
3. Destination Port 25 (SMTP)
4. Destination Port 80 (HTTP)
5. Destination Port 443 (HTTPS)
6. Destination Port 125 (dieser Port wird der Default-Klasse 1:1225 zugeordnet)

Das Ergebnis der Messung spiegelt Abbildung 19 wider. Um eine Übersicht über die zugesicherten und bei Verfügbarkeit möglichen Bandbreiten zu ermöglichen, listet Tabelle 7 die den Paketen entsprechenden Parameter auf, welche in der QDisc-Batchdatei definiert sind.

Von Beginn bis einschließlich dem Zeitpunkt t=10 existiert nur ein Netzwerkverkehr, dessen Pakete für den Zielport 20 des DMZ-Rechners bestimmt sind. Zugesichert sind 60 Mbit/s, da jedoch noch Bandbreiten verfügbar sind, wären theoretisch gemäß dem Interface der Maschine in der DMZ und ihrer dazugehörigen Schnittstelle im Router sowie der Definition im Skript 1000 Mbit/s möglich. Der theoretische Wert dezimiert sich schon aufgrund der physikalischen Eigenschaften der Gegenstelle, die nur einen Upstream von 100 Mbit/s zulässt. Noch weiter verringert wird dieser Wert unter anderem durch die Qualität der Netzwerkkomponenten, wodurch sich im Endeffekt eine tatsächliche Bandbreite von 93300 kbit/s ergibt.

Ab dem Zeitpunkt t=10 treffen auch Pakete mit dem Zielport 21 ein. Beide Paketarten sind wieder derselben Klasse 1:1223 zugeordnet, es erfolgt eine gleichmäßige Aufteilung der physikalisch größtmöglichen Bandbreite. Der nächste einlangende Traffic, der sich bezüglich der Zielport-Nummer unterscheidet, reduziert die Bandbreiten der anderen beiden ab dem Zeitpunkt t=20. Das theoretische Bandbreitenverhältnis sollte nun Port 20 : Port 21 : Port 25 = 30 : 30 : 10 sein, oder auf die physikalischen Grenzen der LAN-Schnittstelle umgerechnet etwa 40 : 40 :13 Mbit/s.

Any unused bandwith can be used by any class which needs it (in proportion of its allocated share). [11]

Die Messergebnisse widersprechen dieser Behauptung mit einem Aufteilungsverhältnis von beinahe 1 : 1 : 1.

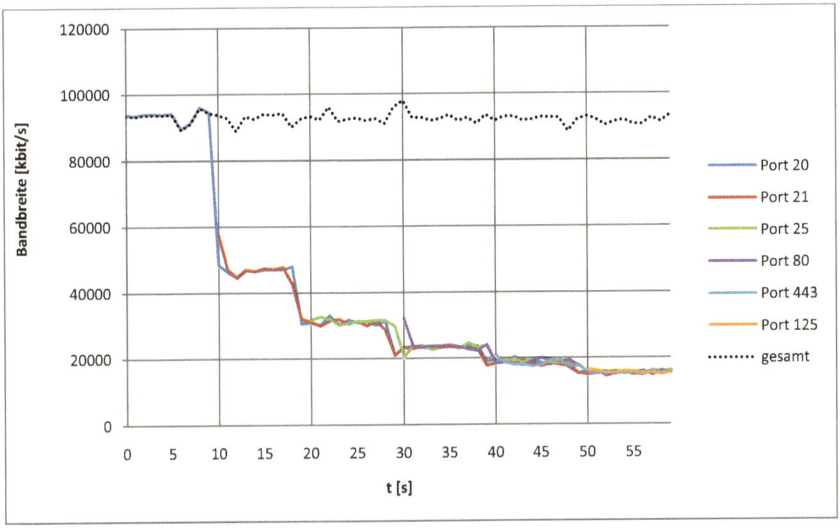

Abbildung 19: LAN-Traffic in die DMZ mit der Option, Bandbreite entlehnen zu können

	rate	ceil
Port 20	60 Mbit/s	1000 Mbit/s
Port 21	60 Mbit/s	1000 Mbit/s
Port 25	10 Mbit/s	1000 Mbit/s
Port 80	15 Mbit/s	1000 Mbit/s
Port 443	5 Mbit/s	1000 Mbit/s
Port 125	10 Mbit/s	1000 Mbit/s

Tabelle 7: rate- und ceil-Parameter der klassifizierten Pakete

Weitere Versuche in diese Richtung brachten zum Vorschein, dass der ceil-Parameter auf solche Weise verändert werden muss, dass er unter dem Wert liegt, als die Gegenstelle senden kann. Selbst ein ceil-Wert von 100 Mbit/s bringt die oben genannten, nicht annähernd aliquoten Ergebnisse. Ein ceil-Wert von 90 Mbit/s jedoch lieferte statt der gewollten Aufteilung von 40 : 40 : 13 immerhin ein Verhältnis von 33 : 33 : 18. Bei weitem nicht aliquot, aber doch akzeptabler. Nachdem alle ceil-Parameter angepasst sind, müssen auch die rate-Werte neu justiert werden. In der Batch-Datei im Anhang B ist dies berücksichtigt.

Aufgrund der neuen Werte muss das Mess-Szenario neu gestartet werden. Abbildung 20 macht die Änderungen deutlich.

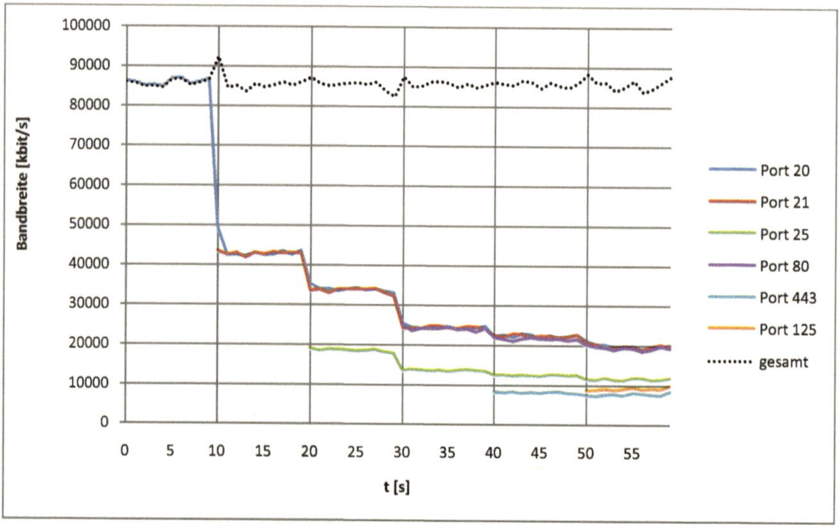

Abbildung 20: Borrowing mit korrigierten ceil- und rate-Parametern

Die korrigierten rate-Werte in der Batchdatei für die Pakete mit folgenden Destination Ports lauten:

- Port 20 + Port 21 gemeinsam: 30 Mbit/s
- Port 25: 8 Mbit/s
- Port 80: 15 Mbit/s
- Port 443: 5 Mbit/s
- Port 125: 6 Mbit/s

Jetzt ist auch eine Veränderung der Bandbreitenzuordnung erkennbar, die sich an den rate-Wert orientiert. Ebenfalls auffällig ist die faire Aufteilung innerhalb der Klasse 1:1223 für die beiden Zielports 20 und 21.

Ein weiteres Hinzufügen von Traffic aus dem Internet resultierte in einer geringeren Bandbreite jeder Paketart für den Netzwerkverkehr aus dem LAN. Wird die gesamte Bandbreite von 24 Mbit/s für den Upstream von Internetpaketen verwendet, so entstehen durchschnittliche Bandbreiteneinbußen von 30% beim LAN-Verkehr. Umgekehrt löst eine Veränderung der genutzten Bandbreite des LAN-Traffics keinen Effekt bei einlangenden Internetpaketen aus. Diese haben eine zugesicherte Bandbreite von insgesamt 24 Mbit/s - ein Borrowing darüber hinaus ist nicht erlaubt.

Letztendlich erfüllte auch der SSH-Verkehr seine Anforderungen. Im Idealfall, wenn kein anderer Traffic im Netzwerk vorhanden war, betrug der Upstream von der Schnittstelle eth1 zum DMZ-Rechner im Durchschnitt 85 Mbit/s. Die garantierte Bandbreite von 2 Mbit/s wurde ebenfalls eingehalten, wenn man von den leitungsbedingten Toleranzen absieht.

5 Erkenntnis und Ausblick

Mit dem Programm „tc“ wird dem Linux-Benutzer ein Werkzeug zur Verfügung gestellt, das es ihm ermöglicht, den Netzwerkverkehr auf beinahe beliebige Weise zu dirigieren. So kann er etwa die Geschwindigkeit der Daten, welche eine Netzwerk-Schnittstelle verlassen, nach unterschiedlichsten Kriterien steuern. Aber auch in das Interface eingehende Pakete können auf diese Weise beeinflusst werden, dass sie verworfen werden, falls die zu hohe Geschwindigkeit nicht erwünscht ist. Ebenso beherrscht dieses Werkzeug Techniken, um den Traffic, der das Interface verlässt, gerecht aufzuteilen oder zu priorisieren. Interaktive Anwendungen profitieren von so einer Priorisierung. Durch die Kombination der unterschiedlichen QDiscs und deren Filter, auch in Verbindung mit der Markierungsmöglichkeit des Linux-Netfilters „iptables“, entsteht eine Vielfalt an Möglichkeiten.

Shaping, also das Drosseln und die anschließende Zuordnung des Netzwerkverkehrs zu einer Klasse funktioniert tadellos und ist relativ einfach zu realisieren. Trotzdem fielen einige, teilweise geringfügige, Kritikpunkte auf. Zum einen ist es die ungenaue Zuteilung von zusätzlicher Bandbreite. Gewünscht ist eine aliquote Zuteilung, geliefert wird jedoch eine Zuteilung, die nur im entfernten aliquot ist. Eine Toleranzgrenze unter 5% wäre hier sicher erstrebenswert. Ein weiterer Kritikpunkt ist der in der Manual Page undokumentierte r2q-Parameter des Hierarchical Token Bucket. Obwohl er keinen Einfluss auf die Funktionsweise dieser QDisc zu haben scheint, so irritieren doch die Warnungen, die aufgrund eines Fehlens oder falscher Konfiguration dieses Parameters auf der Konsole ausgegeben werden. Der letzte Kritikpunkt beinhaltet das Fehlen der Manual Page „tc-filters“. In der Manual Page von „tc“ [15] wird auf diese Dokumentation zwar verwiesen, jedoch existiert sie bis heute nicht.

Trotz dieser Kritikpunkte hat sich das Programm für die Regulierung des Netzwerkverkehrs bewährt. Eine Weiterentwicklung dieses Programms findet sich im Programm „tcng“ wieder. Diese vier Buchstaben stehen für „Traffic Control Next Generation“ und beinhalten eine der Hochsprache C angelehnte Syntax, mit der Traffic Control noch leichter zu realisieren sein soll. Ein Feature dieses Programms ist, dass es einen Stau im Netzwerkverkehr simulieren kann, was für Testzwecke nützlich ist. Sehr interessant ist auch die Möglichkeit, ein in „tcng“ geschriebenes Programm automatisch in ein Skript mit „tc“-Befehlen umwandeln zu lassen, eine andere Option ist die Erstellung eines Linux-Kernelmoduls.

Literaturverzeichnis

[1] Russell, Rusty., *iptables (8).* [manual page]

[2] Amberg, Eric., *Linux-Server mit Debian GNU/Linux.* 2. Auflage. Heidelberg, München, Landsberg, Frechen, Hamburg : mitp, 2009.

[3] Spenneberg, Ralf., *Linux-Firewalls mit iptables & Co.* München : Addison-Wesley Verlag, 2006.

[4] Brown, Martin A., "Traffic Control HOWTO." [Online] 1.0.2, Oktober 2006. [Zitat vom: 15. Dezember 2009.] http://www.tldp.org/HOWTO/pdf/Traffic-Control-HOWTO.pdf.

[5] Postel, Jon., RFC 791. [Online] September 1981. [Zitat vom: 22. Jänner 2010.] http://www.ietf.org/rfc/rfc791.txt.

[6] Almquist, Philip., RFC 1349. [Online] Juli 1992. [Zitat vom: 15. Dezember 2009.] http://www.ietf.org/rfc/rfc1349.txt.

[7] Hubert, Bert., "Linux Advanced Routing & Traffic Control HOWTO." [Online] 1.43, 29. Oktober 2003. [Zitat vom: 15. Dezember 2009.] http://lartc.org/lartc.pdf.

[8] Kuznetsov, Alexey N., *bfifo/pfifo (8).* [manual page]

[9] Kuznetsov, Alexey N. *tc-sfq (8).* [manual page]

[10] Kuznetsov, Alexey N. *tc-prio (8).* [manual page]

[11] Devera, Martin und Cohen, Don., "HTB Linux queuing discipline manual - user guide." [Online] 5. Mai 2002. [Zitat vom: 15. Dezember 2009.] http://luxik.cdi.cz/~devik/qos/htb/userg.pdf.

[12] Rechert, Klaus und McHardy, Patrick., Linux-Magazin Online. [Online] Februar 2005. [Zitat vom: 20. Dezember 2009.] http://www.linux-magazin.de/Heft-Abo/Ausgaben/2005/02/Vordraengler/(offset)/12.

[13] Buchmuller, Norbert., Linux IMQ - Intermediate Queueing Device. [Online] 18. September 2008. [Zitat vom: 20. Dezember 2009.] http://wiki.nix.hu/cgi-bin/twiki/view/IMQ/ImqFaq.

[14] Baxter, Matt., TCP Header. [Online] Dezember 2007. [Zitat vom: 19. Dezember 2009.] http://www.software-engineer-training.com/wp-content/uploads/2007/12/tcp_header.png.

[15] Kuznetsov, Alexey N., *tc (8).* [manual page]

Abbildungsverzeichnis

Abbildung 1: Die Filter-Tabelle und ihre Ketten 2
Abbildung 2: Die NAT- und Filter-Tabelle und ihre Ketten 3
Abbildung 3: Sämtliche Tabellen inkl. deren Ketten 4
Abbildung 4: TOS-Feld 6
Abbildung 5: DiffServ-Feld 6
Abbildung 6: pfifo_fast [4] 7
Abbildung 7: bfifo/pfifo [4] 9
Abbildung 8: Stochastic Fair Queueing [4] 9
Abbildung 9: Token Bucket Filter [4] 11
Abbildung 10: Klassenhierarchie 12
Abbildung 11: HTB-Klassenhierarchie Bsp. 1 14
Abbildung 12: HTB-Klassenhierarchie Bsp. 2 14
Abbildung 13: TCP Header [14] 17
Abbildung 14: Die Testumgebung 19
Abbildung 15: QDiscs für die LAN- und DMZ-Schnittstellen 21
Abbildung 16: Upstream in das Internet 36
Abbildung 17: Messergebnisse des Upstreams von der DMZ ins LAN 37
Abbildung 18: Messergebnisse des Upstreams vom Internet ins LAN 38
Abbildung 19: LAN-Traffic in die DMZ mit der Option, Bandbreite entlehnen zu können ... 40
Abbildung 20: Borrowing mit korrigierten ceil- und rate-Parametern 41

Tabellenverzeichnis

Tabelle 1: Bedeutung der TOS-Bits 7
Tabelle 2: Priority Mapping 8
Tabelle 3: Die Rechner der Testumgebung 18
Tabelle 4: IP-Adressen des Routers 19
Tabelle 5: Maskierung des Destination Ports 33
Tabelle 6: Eckdaten der Messergebnisse des Upstreams von der DMZ ins LAN 37
Tabelle 7: rate- und ceil-Parameter der klassifizierten Pakete 40

Abkürzungsverzeichnis

CBQ	Class Based Queueing
DHCP	Dynamic Host Configuration Protocol
DMZ	Demilitarized Zone
DNAT	Destination Network Address Translation
DoS	Denial of Service
ESFQ	Extended Stochastic Fairness Queueing
FIFO	First In First Out
GRED	Generic Random Early Drop
GUI	Graphical User Interface
HFSC	Hierarchical Fair Service Curve
HTB	Hierarchical Token Bucket
ICMP	Internet Control Message Protocol
IMQ	Intermediate Queueing Device
IP	Internet Protocol
IPv4	Internet Protocol Version 4
LAN	Local Area Network
MSS	Maximum Segment Size
MTU	Maximum Transmission Unit
NAT	Network Address Translation
NIC	Network Interface Card
PMTU	Path Maximum Transfer Unit
QDisc	Queueing Discipline
QoS	Quality of Service
RED	Random Early Drop
RFC	Request for Comments
SFQ	Stochastic Fairness Queueing

SNAT	Source Network Address Translation
SSH	Secure Shell
TBF	Token Bucket Filter
TCP	Transmission Control Protocol
TOS	Type of Service
TTL	Time To Live
UDP	User Datagram Protocol
VoIP	Voice over Internet Protocol

Anhang A: Das Firewall-Skript „firewall_on"

```
#!/bin/sh

LAN="br0"
INTERNET="eth0"
DMZ="eth1"
DMZ_IP="192.168.0.2"

# vorhandene Regeln loeschen:
iptables -F

# Default-Policies auf 'DROP' stellen:
iptables -P INPUT   DROP
iptables -P OUTPUT  DROP
iptables -P FORWARD DROP

#######################
# Ausnahmen erstellen #
#######################

# Loopback erlauben
iptables -A INPUT  -i lo -j ACCEPT
iptables -A OUTPUT -o lo -j ACCEPT

# Pakete vom Internet fuer QDiscs markieren:
for i in 20 21 25 80 443; do
     iptables -t mangle -A PREROUTING -i $INTERNET \
          -p tcp --dport $i -j MARK --set-mark $i
done

# Pakete vom LAN fuer QDisc markieren:
for i in 20 21 22 25 80 443; do
     let j=100000+$i
     iptables -t mangle -A PREROUTING -i $LAN -p tcp --dport \
          $i -j MARK --set-mark $j
done

# SSH-Pakete vom Router markieren:
iptables -t mangle -A OUTPUT -p tcp --dport 22 \
     -j MARK --set-mark 22

# Netzwerkverkehr LAN -> Internet, DMZ und
# DMZ -> LAN, Internet generell zulassen:
iptables -A FORWARD -i $LAN -o $INTERNET \
     -m state --state NEW -j ACCEPT
iptables -A FORWARD -i $LAN -o $DMZ \
     -m state --state NEW -j ACCEPT
```

```
iptables -A FORWARD -i $DMZ -o $INTERNET \
     -m state --state NEW -j ACCEPT
iptables -A FORWARD -i $DMZ -o $LAN \
     -m state --state NEW -j ACCEPT

# SSH-Verbindungen vom Router zur DMZ unterbinden,
# die nicht von root aufgebaut wurden:
iptables -A OUTPUT -o $DMZ -p tcp --dport 22 \
     -m owner ! --uid-owner root \
     -m state --state NEW -j DROP

# Netzwerkverkehr vom Router ueberall hin gewaehren:
iptables -A OUTPUT -m state --state NEW -j ACCEPT

# HTTP(S), FTP und SMTP vom Internet in die DMZ
# annehmen und umleiten (DNAT):
iptables -A FORWARD -i $INTERNET -p tcp \
     -m multiport --destination-port 21,25,80,443 \
     -m state --state NEW -j ACCEPT
iptables -t nat -A PREROUTING -i $INTERNET -p tcp \
     -m multiport --destination-port 21,25,80,443 \
     -j DNAT --to-destination $DMZ_IP

# Pakete, die schon zu einer aufgebauten
# Verbindung gehoeren, akzeptieren:
iptables -A FORWARD -m state --state ESTABLISHED,RELATED \
     -j ACCEPT
iptables -A INPUT -m state --state ESTABLISHED,RELATED \
     -j ACCEPT
iptables -A OUTPUT -m state --state ESTABLISHED,RELATED \
     -j ACCEPT

# SSH-Verbindung zum Router zulassen (von innen und aussen):
iptables -A INPUT -p tcp --dport 22 \
     -m state --state NEW -j ACCEPT

# Masquerading
iptables -t nat -A POSTROUTING -o $INTERNET -j MASQUERADE

# Clamping
iptables -I FORWARD -p tcp --tcp-flags SYN,RST SYN \
     -j TCPMSS --clamp-mss-to-pmtu

# Anfragen aus dem Internet, die nicht
# fuer die DMZ bestimmt sind, protokollieren:
iptables -A INPUT -i $INTERNET -m state --state NEW \
     -j LOG --log-prefix "ANFRAGE: "

echo "Firewall aktiviert..."
```

Anhang B: Das QDisc-Skript „qdisc_on“

```
#!/bin/sh

##################################
#     UPSTREAM eth0 (Internet)   #
##################################

# Upstream drosseln, damit Modem-Warteschlange 'leer' bleibt:
tc qdisc add dev eth0 root handle 1: tbf rate 4000kbit \
     latency 50ms burst 1540

# Zuordnung einer SFQ-QDisc zur inneren Klasse
# (faire Behandlung aller Verbindungen):
tc qdisc add dev eth0 parent 1: handle 10: sfq perturb 10

###########################
#   UPSTREAM eth1 (DMZ)   #
###########################

# QDisc und Klassen eth1:
tc qdisc add dev eth1 root handle 1: htb r2q 150 default 1225
tc class add dev eth1 parent 1: classid 1:1 htb rate 90mbit

tc class add dev eth1 parent 1:1 classid 1:11 \
     htb rate 2mbit ceil 90mbit
tc class add dev eth1 parent 1:1 classid 1:12 \
     htb rate 88mbit ceil 90mbit

tc class add dev eth1 parent 1:12 classid 1:121 \
     htb rate  24mbit
tc class add dev eth1 parent 1:12 classid 1:122 \
     htb rate 64mbit ceil 90mbit

tc class add dev eth1 parent 1:121 classid 1:1211 \
     htb rate  6mbit ceil 24mbit
tc class add dev eth1 parent 1:121 classid 1:1212 \
     htb rate  6mbit ceil 24mbit
tc class add dev eth1 parent 1:121 classid 1:1213 \
     htb rate 10mbit ceil 24mbit
tc class add dev eth1 parent 1:121 classid 1:1214 \
     htb rate  2mbit ceil 24mbit

tc class add dev eth1 parent 1:122 classid 1:1221 \
     htb rate 15mbit ceil 90mbit
tc class add dev eth1 parent 1:122 classid 1:1222 \
     htb rate  5mbit ceil 90mbit
```

```
tc class add dev eth1 parent 1:122 classid 1:1223 \
     htb rate 30mbit ceil 90mbit
tc class add dev eth1 parent 1:122 classid 1:1224 \
     htb rate  8mbit ceil 90mbit
tc class add dev eth1 parent 1:122 classid 1:1225 \
     htb rate  6mbit ceil 90mbit

# Abschliessende QDiscs eth1:

tc qdisc add dev eth1 parent 1:11   handle 11:   \
     sfq perturb 10
tc qdisc add dev eth1 parent 1:1211 handle 1211: \
     sfq perturb 10
tc qdisc add dev eth1 parent 1:1212 handle 1212: \
     sfq perturb 10
tc qdisc add dev eth1 parent 1:1213 handle 1213: \
     sfq perturb 10
tc qdisc add dev eth1 parent 1:1214 handle 1214: \
     sfq perturb 10
tc qdisc add dev eth1 parent 1:1225 handle 1225: \
     sfq perturb 10

tc qdisc add dev eth1 parent 1:1221 handle 1221: \
     sfq perturb 10
tc qdisc add dev eth1 parent 1:1222 handle 1222: \
     sfq perturb 10
tc qdisc add dev eth1 parent 1:1223 handle 1223: \
     sfq perturb 10
tc qdisc add dev eth1 parent 1:1224 handle 1224: \
     sfq perturb 10

# Filter eth1:

tc filter add dev eth1 protocol ip parent 1: \
     handle 100022 fw flowid 1:11
tc filter add dev eth1 protocol ip parent 1: \
     handle 22     fw flowid 1:11
tc filter add dev eth1 protocol ip parent 1: \
     handle 80     fw flowid 1:1211
tc filter add dev eth1 protocol ip parent 1: \
     handle 443    fw flowid 1:1212
tc filter add dev eth1 protocol ip parent 1: \
     handle 20     fw flowid 1:1213
tc filter add dev eth1 protocol ip parent 1: \
     handle 21     fw flowid 1:1213
tc filter add dev eth1 protocol ip parent 1: \
     handle 25     fw flowid 1:1214
tc filter add dev eth1 protocol ip parent 1: \
     handle 100080 fw flowid 1:1221
```

```
tc filter add dev eth1 protocol ip parent 1: \
     handle 100443 fw flowid 1:1222
tc filter add dev eth1 protocol ip parent 1: \
     handle 100020 fw flowid 1:1223
tc filter add dev eth1 protocol ip parent 1: \
     handle 100021 fw flowid 1:1223
tc filter add dev eth1 protocol ip parent 1: \
     handle 100025 fw flowid 1:1224

##################################
#   UPSTREAM eth2 / eth4 (LAN)   #
##################################

# QDisc und Klassen eth2/eth4:

for i in eth2 eth4; do
     tc qdisc add dev $i root handle 1: htb r2q 100 default 124
     tc class add dev $i parent 1: classid 1:1 htb rate 100mbit

     tc class add dev $i parent 1:1 classid 1:11 \
          htb rate  2mbit
     tc class add dev $i parent 1:1 classid 1:12 \
          htb rate 90mbit
     tc class add dev $i parent 1:1 classid 1:13 \
          htb rate  8mbit

     tc class add dev $i parent 1:12 classid 1:121 \
          htb rate 25mbit
     tc class add dev $i parent 1:12 classid 1:122 \
          htb rate 10mbit
     tc class add dev $i parent 1:12 classid 1:123 \
          htb rate 40mbit
     tc class add dev $i parent 1:12 classid 1:124 \
          htb rate 15mbit

     tc class add dev $i parent 1:13 classid 1:131 \
          htb rate 2mbit
     tc class add dev $i parent 1:13 classid 1:132 \
          htb rate 2mbit
     tc class add dev $i parent 1:13 classid 1:133 \
          htb rate 4mbit

     # Abschliessende QDiscs eth2/eth4:

     tc qdisc add dev $i parent 1:11  handle 11:  \
          sfq perturb 10
     tc qdisc add dev $i parent 1:121 handle 121: \
          sfq perturb 10
```

```
tc qdisc add dev $i parent 1:122 handle 122: \
     sfq perturb 10
tc qdisc add dev $i parent 1:123 handle 123: \
     sfq perturb 10
tc qdisc add dev $i parent 1:124 handle 124: \
     sfq perturb 10

tc qdisc add dev $i parent 1:131 handle 131: \
     sfq perturb 10
tc qdisc add dev $i parent 1:132 handle 132: \
     sfq perturb 10
tc qdisc add dev $i parent 1:133 handle 133: \
     sfq perturb 10

# Filter eth2/eth4 (LAN -> Internet):

tc filter add dev $i protocol ip parent 1: u32 \
     match ip dport 80  0xffff \
     flowid 1:131
tc filter add dev $i protocol ip parent 1: u32 \
     match ip dport 443 0xffff \
     flowid 1:132
tc filter add dev $i protocol ip parent 1: u32 \
     match ip dport 20  0xffff \
     flowid 1:133
tc filter add dev $i protocol ip parent 1: u32 \
     match ip dport 21  0xffff \
     flowid 1:133

# Filter eth2/eth4 (LAN -> Router):

tc filter add dev $i protocol ip parent 1: u32 \
     match ip dport 22 0xffff \
     flowid 1:11

# Filter eth2/eth4 (LAN -> DMZ):

tc filter add dev $i protocol ip parent 1: u32 \
     match ip dport 80 0xffff \
     match ip src 192.168.0.0/24 \
     flowid 1:121
tc filter add dev $i protocol ip parent 1: u32 \
     match ip dport 443 0xffff \
     match ip src 192.168.0.0/24 \
     flowid 1:122
tc filter add dev $i protocol ip parent 1: u32 \
     match ip dport 20 0xffff \
     match ip src 192.168.0.0/24 \
     flowid 1:123
```

```
    tc filter add dev $i protocol ip parent 1: u32 \
        match ip dport 21 0xffff \
        match ip src 192.168.0.0/24 \
        flowid 1:123
done
```